PROFIL LITTÉRATURE
Collection dirigée par Georges Décote

LA RENCONTRE DANS L'UNIVERS ROMANESQUE

THÈMES ET QUESTIONS D'ENSEMBLE

par Hélène SABBAH
Professeur de Lettres

HATIER

SOMMAIRE

ISSN 0337-1425 ISBN 2-218-05352-7

PRÉSENTATION

A QUI CE LIVRE S'ADRESSE-T-IL ?

Ce livre s'adresse aux élèves qui préparent l'oral de Français au Baccalauréat, et qui sont confrontés à deux types d'exercices :

– L'explication d'un texte, ou lecture méthodique. Elle consiste à faire apparaître, de manière organisée et précise, les principales caractéristiques d'un texte, son mouvement, l'intérêt littéraire qu'il présente.

– Une question d'ensemble ou question de synthèse. Elle est précisée par un sujet donné par l'examinateur. Elle regroupe de manière structurée des remarques construites à partir d'un thème ou d'un problème commun aux différents textes étudiés. Cette synthèse doit se référer aux textes étudiés et être illustrée d'exemples empruntés à ces textes.

QUE CONTIENT CE LIVRE ?

Il comporte deux grandes parties :

– La première offre une succession de 13 textes étudiés[1]. Extraits d'œuvres romanesques ou autobiographiques, ces textes sont tous liés au thème de la rencontre.

– La deuxième propose 4 questions d'ensemble traitées. Celle-ci s'attachent à mettre en évidence et à analyser certains aspects communs aux différents textes. Entre ces deux parties, un tableau analytique regroupe tous les éléments communs à ces 13 textes et facilite l'élaboration des questions d'ensemble.

1. Ces textes ne sont pas tous étudiés de la même façon : dans certains cas, l'étude se fait autour de deux ou trois grands axes, sans suivre le texte de manière linéaire.

PRÉSENTATION DU THÈME

Qu'est-ce qu'une scène de rencontre amoureuse? Dans la réalité comme en littérature, c'est un moment essentiel dans la vie de deux êtres. Ils ne se connaissaient pas, et voilà que le hasard les met face à face, leur fait échanger un regard, modifie leur façon d'être et leurs sentiments.

Quelque chose a changé brusquement, et le monde n'est plus le même. Ainsi l'importance affective de cet instant privilégié explique que cet épisode soit si fréquemment rapporté sous une forme littéraire et trouve sa place dans de très nombreux romans.

La rencontre constitue en effet une étape importante de la vie sentimentale; elle est un moment décisif et une ouverture sur l'avenir. Il arrive même parfois qu'elle domine toute une existence.

Une étape importante de la vie sentimentale

Qu'elle soit attendue, rêvée, souhaitée, ou relève du simple hasard, la rencontre amoureuse rapproche soudain deux êtres et cette simple mise en présence change les données de leur existence. La rencontre s'inscrit donc très naturellement dans les romans dits «d'apprentissage» que sont la plupart des grandes œuvres romanesques du XVIIIe et du XIXe siècle. On ne peut guère imaginer que les jeunes héros de l'abbé Prévost ou de Marivaux, ou ceux de Balzac, de Stendhal ou de Flaubert, ne soient pas hantés par l'image de la femme idéale ou du parfait amant. La rencontre avec ceux ou celles dont ils se sont fait une image inaltérable constitue donc une étape primordiale de leur vie. Elle inaugure la première aventure sentimentale : ce moment décisif mérite ainsi de figurer dans toutes les œuvres qui s'intéressent aux relations humaines et à leurs difficultés, ce qui est le cas de très nombreux romans, quelle que soit leur époque.

Un moment décisif

Dans la vie, la rencontre de deux êtres est souvent due au hasard. Dans le roman, il en est de même, ce qui explique un effet de surprise et l'importance de l'échange des regards. Il y a dans presque toute rencontre un double choc simultané : on voit et l'on est vu, et, instantanément, on choisit. Mais on ne sait pas toujours si l'on est choisi. C'est alors qu'intervient ce « langage » original des yeux, qui font passer un message implicite, ou restent désespérément muets. Cette surprise de la rencontre, qui apparaît dans presque tous les textes, et qui est rapportée de façon si diverse, comporte un élément constant : sa soudaineté, et le bouleversement qu'elle entraîne immédiatement. Une émotion forte annihile la volonté, ou au contraire pousse aux actions les plus audacieuses. Tout peut alors arriver, sans que dans l'immédiat les héros envisagent les conséquences réelles de leurs actes. Or la rencontre engage souvent l'avenir.

Une ouverture sur l'avenir

En modifiant les données immédiates de la vie, la rencontre est génératrice de conséquences diverses. Après elle, rien ne sera plus comme avant. Les héros voient leur vie prendre une nouvelle orientation, marquée par les étapes d'une conquête, par un bonheur soudain, par des malheurs imprévisibles. La rencontre se situe rarement à la fin d'un roman. Moment attendu et privilégié, elle ne prend en définitive son importance que par ses conséquences. On comprend alors qu'elle puisse constituer l'élément déterminant d'une œuvre romanesque entière.

1 PREMIÈRE PARTIE

Treize textes étudiés

Texte n° 1 : Madame de La Fayette : *La princesse de Clèves*

La princesse de Clèves est un roman dont l'action se situe au XVIe siècle. Il raconte l'amour impossible de Mme de Clèves pour le prince de Nemours, le « seigneur le plus brillant de son temps ». Leur première rencontre a lieu au palais du Louvre[1], lors d'un grand bal. L'épisode se situe dans la première partie du roman, peu de temps après le mariage de Mme de Clèves.

Madame de Clèves acheva de danser, et, pendant qu'elle cherchait des yeux quelqu'un qu'elle avait dessein de prendre[2], le roi lui cria de prendre celui qui arrivait. Elle se tourna et vit un homme qu'elle crut d'abord[3] ne pouvoir être que M. de Nemours, qui passait par-dessus quelques sièges pour arriver où l'on dansait. Ce prince était fait d'une sorte qu'il était difficile de n'être pas surpris de le voir quand on ne l'avait jamais vu, surtout ce soir-là, où le soin qu'il avait pris de se parer augmentait encore l'air brillant qui était dans sa personne ; mais il était aussi difficile de voir Mme de Clèves pour la première fois sans avoir un grand étonnement.

M. de Nemours fut tellement surpris de sa beauté que, lorsqu'il fut proche d'elle et qu'elle lui fit

1. Le Louvre est le palais royal où résident la famille royale et la Cour. – 2. Choisir comme danseur. – 3. Dès qu'elle le vit.

la révérence, il ne put s'empêcher de donner des marques de son admiration. Quand ils commencèrent à danser, il s'éleva dans la salle un murmure de louanges. Le roi et les reines[1] se souvinrent qu'ils ne s'étaient jamais vus et trouvèrent quelque chose de singulier de les voir danser ensemble sans se connaître. Ils les appelèrent quand ils eurent fini, sans leur donner le loisir de parler à personne, et leur demandèrent s'ils n'avaient pas bien envie de savoir qui ils étaient et s'ils ne s'en doutaient point.

Madame de La Fayette, *La princesse de Clèves* (1678).

Idée directrice

La rencontre, qui se produit en présence de la cour entière, est à la fois le fruit du hasard et d'une décision royale. L'éblouissement réciproque des deux personnages, et l'admiration que provoque leur rapprochement laissent penser qu'ils sont faits l'un pour l'autre.

Structure du texte

L'auteur présente alternativement les deux personnages en soulignant la vision que chacun a de l'autre. On a successivement : les circonstances de la rencontre, vues du côté de Mme de Clèves (l. 1-4), sa vision de M. de Nemours (l. 4-12), une phrase de transition (l. 12-14), les réactions de M. de Nemours (l. 15-18), et celles de l'assistance (l. 18-26).

PISTES DE LECTURE

Les circonstances (l. 1-4)

La première phrase présente Mme de Clèves et précise en trois points les circonstances de la rencontre : la fin d'une danse, la recherche d'un nouveau danseur, l'ordre du roi («le roi lui cria de prendre... » l. 4). La

1. La reine Catherine de Médicis et la dauphine Marie Stuart.

proposition de temps insistant sur la durée («pendant que» suivi de l'imparfait) souligne la simultanéité des actions et la coïncidence entre la recherche d'un danseur et l'arrivée de M. de Nemours («celui qui arrivait», l. 4). On note l'importance du roi qui joue ici le rôle du destin : il choisit à la place de Mme de Clèves. Une phrase claire et bien structurée suffit à donner les éléments essentiels de la scène.

M. de Nemours vu par Mme de Clèves (l. 4-12)

L'arrivée de M. de Nemours est perçue à travers le regard de Mme de Clèves («elle vit», l. 5). Le passé simple des trois verbes («tourna», «vit», «crut», l. 5) souligne la rapidité des trois actions successives : mouvement, perception, pensée. La vision aboutit à une identification presque certaine, ce que met en relief l'expression «ne pouvoir être que M. de Nemours» (l. 5-6). La formulation «ne... que» exclut en effet d'autres possibilités d'identification. La fin de la phrase, plus longue et à l'imparfait, insiste sur la durée de l'arrivée («qui passait...» l. 6). Dans ce laps de temps, l'héroïne peut observer l'arrivant.
La phrase qui suit est donc consacrée à la description de M. de Nemours. Cette description ne s'attache à aucun trait particulier, mais souligne une impression d'ensemble («Ce prince était fait d'une sorte», l. 8). La formulation complexe, avec sa double négation («il était difficile de n'être pas surpris», l. 8-9), insiste sur le caractère inévitable du choc visuel. On note à ce sujet la répétition du verbe «voir» (l. 9-10). Cette insistance sur la vision souligne les qualités esthétiques du prince, accentuées par les circonstances exceptionnelles, comme le marque la précision «surtout ce soir-là» (l. 10). A sa beauté naturelle, il ajoute un souci d'élégance («le soin qu'il avait pris de se parer», l. 10-11).

Phrase de transition (l. 12-14)

L'auteur, Mme de La Fayette, revient à son héroïne, pour souligner une remarquable similitude entre les deux personnages : la vision de l'un et de l'autre provoque une égale surprise («mais il était aussi difficile de voir...» l. 12-13). La similitude est exprimée par la reprise de l'adjectif «difficile» (l. 8, 12), par l'adverbe «aussi», par l'idée de «la première fois» (l. 13).

Les réactions de M. de Nemours (l. 15-18)

Elles constituent l'exacte illustration de ce qui vient d'être dit dans les lignes 12-14 : la ligne 14 mettait en relief l'«étonnement» provoqué par Mme de Clèves. La ligne 15 insiste sur la «surprise» de M. de Nemours («M. de Nemours fut tellement surpris») et sur son admiration. Ce phénomène de reprise d'une idée, et d'illustration par l'exemple, souligne la très grande clarté du texte, la rigueur de sa structure et son équilibre.

Les réactions de l'assistance (l. 18-26)

Elles sont données en trois étapes, et en trois phrases. La première exprime l'admiration collective et diffuse («murmure de louanges», «dans la salle», l. 19-20) devant le couple réuni par la danse : le pluriel «ils», dans «Quand ils commencèrent à danser» (l. 18-19), souligne clairement la formation du couple. La deuxième, limitée aux personnages royaux («le roi et les reines», l. 20), ajoute à l'admiration l'étonnement devant une situation inhabituelle (ils «trouvèrent quelque chose de singulier», l. 21-22). Il est en effet contraire aux règles mondaines que soient ensemble deux personnes qui n'ont pas été présentées. La troisième, conséquence de la précédente, marque la volonté des personnages royaux («ils», l. 23 : «le roi et les reines») de revenir à une situation normale en révélant aux danseurs leur identité. Ainsi interrogés (ils «leur demandèrent s'ils n'avaient pas bien envie de savoir...» l. 24-25), les deux héros semblent soumis à une énigme, ou à un jeu qui fait d'eux les prisonniers d'une situation qu'ils n'ont pas choisie.

Texte n° 2 : Marivaux : *La vie de Marianne*[1]

La vie de Marianne raconte les mésaventures, à Paris, d'une jeune fille pauvre, qui cherche à s'élever dans la société par sa vertu et sa beauté. Dans le passage qui suit, Marianne est à l'église. Elle observe l'assistance et l'effet qu'elle y produit. C'est alors qu'elle remarque un jeune homme intéressant...

Parmi les jeunes gens dont j'attirais les regards, il y en eut un que je distinguai moi-même, et sur qui mes yeux tombaient plus volontiers que sur les autres.

J'aimais à le voir, sans me douter du plaisir que j'y trouvais; j'étais coquette pour les autres, et je ne l'étais pas pour lui; j'oubliais à lui plaire, et ne songeais qu'à le regarder.

Apparemment que l'amour, la première fois qu'on en prend, commence avec cette bonne foi-là, et peut-être que la douceur d'aimer interrompt le soin d'être aimable.

Ce jeune homme, à son tour, m'examinait d'une façon toute différente de celle des autres : il y avait quelque chose de plus sérieux qui se passait entre lui et moi. Les autres applaudissaient ouvertement à mes charmes, il me semblait que celui-ci les sentait; du moins je le soupçonnais quelquefois, mais si confusément, que je n'aurais pu dire ce que je pensais de lui, non plus que ce que je pensais de moi. Tout ce que je sais, c'est que ses regards m'embarrassaient, que j'hésitais de les lui rendre, et que je les lui rendais toujours; que je ne voulais pas qu'il me vît y répondre, et que je n'étais pas fâchée qu'il l'eût vu. Enfin on sortit de l'église, et je me souviens que j'en sortis lentement, que je retardais mes pas; que je

1. Le roman a été publié en plusieurs étapes, et reste inachevé.

regrettais la place que je quittais; et que je m'en allais avec un cœur à qui il manquait quelque chose, et qui ne savait pas ce que c'était. Je dis qu'il ne le savait pas; c'est peut-être trop dire, car, en m'en allant, je retournais souvent la tête pour revoir encore le jeune homme que je laissais derrière moi; mais je ne croyais pas me retourner pour lui.

Marivaux, *La vie de Marianne* (1731-1741).

Idée directrice

Le récit de la rencontre met en relief l'importance accordée par la narratrice à un personnage parmi d'autres. Ce récit se complète d'une analyse précise et subtile que Marianne fait de ses sentiments et de son «jeu» : elle fait preuve de spontanéité, de lucidité et de duplicité.

Structure du texte

Le texte suit l'ordre chronologique de la rencontre. On étudiera tout d'abord la première vue et les réactions qui la suivent (l. 1 à 12). La scène est alors présentée selon le point de vue de Marianne. On verra ensuite l'échange des regards et l'importance soudaine d'un jeune homme parmi les autres (l. 13 à 24). Dans la dernière partie du texte, on mettra en évidence les regrets de la séparation et le décalage temporel.

PISTES DE LECTURE

La première vue et les réactions de Marianne (l. 1-12)

Le premier paragraphe (l. 1-4) est consacré à la perception soudaine d'un jeune homme qui n'est pas décrit. La scène est entièrement visuelle, comme le souligne le vocabulaire de la perception («regards», «distinguai», «yeux», l. 2-3). Le caractère soudain de la vision est mis en relief par l'emploi du passé simple. Dans son récit, Marianne souligne avec naturel l'attirance involontaire qu'elle ressent («sur qui mes yeux tombaient

plus volontiers», l. 3-4), et qui a peut-être guidé son choix («je distinguai», l. 2).
Le deuxième paragraphe est une analyse que fait Marianne de ses propres réactions. Elle insiste très nettement sur l'importance du regard («J'aimais à le voir», l. 5; «et ne songeais qu'à le regarder», l. 7-8), et met en évidence une différence dans son comportement vis-à-vis des autres et vis-à-vis du jeune homme («j'étais coquette», «je ne l'étais pas», l. 6-7). L'emploi de l'imparfait met en relief la durée de la scène et le caractère répétitif des actions.
Le troisième paragraphe (l. 9-12) est une réflexion sur l'amour naissant, qui résume exactement l'attitude décrite juste avant (l. 7-8). La surprise de l'amour, et son charme, font oublier la volonté de séduire : ainsi à «j'oubliais à lui plaire» correspond «interrompt le soin d'être aimable» (l. 11-12). Malgré son inexpérience, marquée par les adverbes «apparemment» (l. 9) et «peut-être» (l. 10), Marianne sait reconnaître l'amour et analyser les premières manifestations du comportement amoureux. On note l'emploi répété de mots de la même famille («amour», «aimer», «aimable»).

Le jeune homme et les autres (l. 13-24)

La réflexion est interrompue par le récit des actions du jeune homme. Les formulations mettent en évidence une opposition entre son attitude et celle des autres. Cette opposition est soulignée par les termes «différente» (l. 14), «plus sérieux» (l. 15), développés ensuite par les verbes «applaudissaient» (l. 16) et «sentait» (l. 17). L'existence des deux groupes (lui et les autres) est marquée par un jeu d'alternance : «Ce jeune homme» (l. 13), «celle des autres» (l. 14), «lui» (l. 15), «les autres» (l. 16), «celui-ci» (l. 17). De même que Marianne a «distingué» le jeune homme, de même celui-ci l'observe («examinait», l. 13) d'une façon particulière («façon toute différente», l. 14).
La conséquence de cette «distinction» réciproque est donnée à partir de la ligne 18. C'est un trouble,

un désarroi, une confusion, comme le soulignent l'adverbe «confusément» (l. 19), l'aveu d'ignorance («je n'aurais pu dire», l. 19), la confusion des opinions («ce que je pensais de lui», «ce que je pensais de moi», l. 19-20). L'expression au présent «tout ce que je sais» (l. 21) fait apparaître le décalage temporel entre le moment où la scène a été vécue et celui où elle est racontée. Ce décalage permet à Marianne de faire une analyse rétrospective de la situation. Elle étudie alors son comportement en mettant en évidence une opposition entre ses intentions et la réalité de ses actes :

Intentions
«j'hésitais de les lui rendre» (l. 22)
«je ne voulais pas» (l. 23)

Réalité
«je les lui rendais» (l. 22-23)
«je n'étais pas fâchée...» (l. 24)

La complexité des sentiments, la difficulté de l'analyse, sont rendues par la complexité de la phrase qui accumule sept propositions subordonnées qui ne sont pas toutes sur le même plan (on note sept «que»). L'échange des regards, souligné par les verbes «rendre», «répondre», «voir», est clairement exprimé avec tout son poids de signification. Il constitue un véritable jeu d'aveu, de refus et de séduction.

Les regrets et le décalage temporel (l. 25-33)

Marianne se remémore ses gestes à la sortie de l'église : la lenteur du départ («lentement», «retardais», l. 26), le sentiment du regret, l'impression d'un manque. Présenté comme inconnu («qui ne savait pas», l. 29), ce manque est vite identifié. Marianne reconnaît («je dis», «c'est peut-être trop dire», l. 29-30) qu'elle cherche le jeune homme du regard. C'est encore le décalage temporel qui lui permet de réellement élucider les motivations de ses actes et de reconnaître qu'elle se cachait la vérité («je ne croyais pas me retourner pour lui», l. 33).

Texte n° 3 : Abbé Prévost : *Manon Lescaut*

Manon Lescaut est le récit des aventures malheureuses du chevalier des Grieux, jeune homme de bonne famille. La scène de la rencontre avec Manon se situe à Amiens, où il vient de terminer ses études de philosophie. Il s'apprête à retourner chez ses parents.

La veille même de celui[1] que je devais quitter cette ville, étant à me promener avec mon ami, qui s'appelait Tiberge, nous vîmes arriver le coche d'Arras, et nous le suivîmes jusqu'à l'hôtellerie où ces voitures descendent. Nous n'avions pas d'autre motif que la curiosité. Il en sortit quelques femmes, qui se retirèrent aussitôt. Mais il en resta une, fort jeune, qui s'arrêta seule dans la cour, pendant qu'un homme d'un âge avancé, qui paraissait lui servir de conducteur, s'empressait pour faire tirer son équipage des paniers. Elle me parut si charmante que moi, qui n'avais jamais pensé à la différence des sexes, ni regardé une fille avec un peu d'attention, moi, dis-je, dont tout le monde admirait la sagesse et la retenue, je me trouvai enflammé tout d'un coup jusqu'au transport. J'avais le défaut d'être excessivement timide et facile à déconcerter; mais loin d'être arrêté alors par cette faiblesse, je m'avançai vers la maîtresse de mon cœur.

Quoiqu'elle fût encore moins âgée que moi, elle reçut mes politesses sans paraître embarrassée. Je lui demandai ce qui l'amenait à Amiens et si elle y avait quelques personnes de connaissance. Elle me répondit ingénument qu'elle y était envoyée par ses parents pour être religieuse. L'amour me rendait déjà si éclairé, depuis un moment qu'il était dans mon cœur, que je regardai ce dessein comme un coup mortel

1. La veille même du jour où je devais...

pour mes désirs. Je lui parlai d'une manière qui lui fit comprendre mes sentiments, car elle était bien plus expérimentée que moi. C'était malgré elle qu'on l'envoyait au couvent, pour arrêter sans doute son penchant au plaisir, qui s'était déjà déclaré et qui a causé, dans la suite, tous ses malheurs et les miens. Je combattis la cruelle intention de ses parents par toutes les raisons que mon amour naissant et mon éloquence scolastique[1] purent me suggérer. Elle n'affecta ni rigueur ni dédain.

Abbé Prévost, *Manon Lescaut* (1731).

Idée directrice

La rencontre est présentée comme un véritable coup de foudre, qui atteint brusquement le narrateur, et le métamorphose. Mais quelques précisions données à propos de la jeune fille font allusion à des épisodes ultérieurs malheureux : la rencontre n'apportera sans doute pas le bonheur.

PISTES DE LECTURE

On pourra étudier ce passage en regroupant les remarques autour de trois grands axes :
– Les modalités d'écriture et l'intégration du discours indirect au récit.
– L'expression d'une métamorphose sous le choc du «coup de foudre».
– La distanciation ironique favorisée par le décalage temporel.

Les modalités d'écriture

Le texte est un récit au passé. Il raconte le déroulement d'une rencontre. On remarque cependant que jusqu'au moment où se produit un échange de paroles (l. 20) le

1. L'adjectif, un peu ironique, caractérise une façon de s'exprimer à la fois pompeuse, artificielle et systématique.

récit est entrecoupé de réflexions du narrateur. Ces réflexions sont parfois proches de l'analyse psychologique. L'échange de paroles est rapporté au style indirect.

Le récit : il comporte une succession d'actions exprimées au passé simple. Elles sont données dans l'ordre chronologique de leur déroulement, avec des indications temporelles («La veille même», l. 1) et spatiales («hôtellerie», l. 5 ; «dans la cour», l. 8-9). Dans la première partie du texte (l. 1-19), les actions sont d'abord celles des deux jeunes gens («nous le suivîmes», l. 4), puis celles d'autres personnages («Il en sortit quelques femmes», l. 6-7; «il en resta une», l. 7-8; «s'arrêta», l. 8). Le narrateur relate ainsi une scène assez animée.
Dans la deuxième partie du texte (l. 20-37), le récit prend un aspect différent. Beaucoup de verbes sont encore au passé simple («elle reçut», l. 20; «Je lui demandai», l. 21-22; «Elle me répondit», l. 23; «Je lui parlai», l. 28; «Je combattis», l. 34), mais ils servent à souligner les étapes d'un dialogue. La scène, figée, est caractérisée par une alternance elle/je. L'absence de données temporelles et spatiales montre la disparitrion provisoire du contexte.

Les réflexions du narrateur : elles marquent plusieurs arrêts dans le récit. Leur rôle est d'apporter une explication, des précisions psychologiques, ou d'exprimer une prise de conscience du narrateur.
• *Une explication :* la courte phrase (l. 5-6) : «Nous n'avions pas d'autre motif que la curiosité» souligne, sur un ton assuré, que le narrateur ne cherchait pas particulièrement une rencontre.
• *Une précision psychologique :* le caractère initial du narrateur est précisé par les allusions à sa timidité et à son inexpérience (soulignée par l'emploi du plus-que-parfait : «moi, qui n'avais jamais pensé...» l. 12).
• *Une prise de conscience :* le narrateur est suffisamment lucide pour intégrer à son récit la constatation de ses

propres réactions : «je me trouvai enflammé» (l. 15), «L'amour me rendait déjà si éclairé» (l. 25-26). Ainsi, à plusieurs reprises, il énonce ce qu'il ressent en prenant un certain recul par rapport au récit.

Le style indirect : il occupe une grande place dans la deuxième partie du texte (l. 20-37). On le remarque à l'emploi de verbes d'interrogation («demander») ou d'affirmation («répondre, parler») et à la présence de structures interrogatives indirectes («ce qui l'amenait à Amiens», l. 22, «si elle y avait», l. 22). On remarque que deux phrases donnent clairement le contenu du discours et pourraient être transposées au style direct (l. 22-23-24). Dans deux autres cas, il est seulement fait allusion à la manière de parler («d'une manière qui...» l. 28) ou à la manière de recevoir les paroles («sans paraître embarrassée», l. 21). Enfin, trois autres termes font allusion au contenu du dialogue simplement par trois termes («politesses», l. 21; «sentiments», l. 29; «éloquence scolastique», l. 36). Ce dialogue porte sur les motivations du voyage de la jeune fille, sur ses sentiments, sur son caractère. Il souligne à la fois la curiosité et l'attitude entreprenante du narrateur.

L'expression d'une métamorphose

La métamorphose du narrateur est d'autant plus nette qu'il prend la peine de signaler un caractère initial timide et inexpérimenté. Elle se traduit par un nouvel état affectif et par des actes.

L'état initial : il est exprimé par plusieurs adjectifs et expressions soulignant la réserve, la retenue et l'inexpérience («moi, qui n'avais jamais pensé à la différence des sexes», l. 12-13; «sagesse», «retenue», l. 15; «excessivement timide», l. 17). Cette analyse permet de saisir la transformation qui atteint le jeune homme.

Un état affectif nouveau : il est souligné par des expressions appartenant au registre de l'affectivité : «enflammé» (l. 15), «éclairé» (l. 26), «amour naissant» (l. 35), «sentiments» (l. 29), «désirs» (l. 28). Profondément ému, rendu hardi par ses nouveaux sentiments, le narrateur fait état de ses initiatives.

Des initiatives nouvelles : elles constituent un ensemble de démarches : approches, engagement d'un dialogue, aveu implicite, discours persuasif.
L'approche est exprimée par le verbe «s'avancer» (l. 19). Le verbe suggère peut-être une hésitation, mais la suite du texte montre la résolution d'engager une conversation.
Le dialogue commence par des politesses et se poursuit par des questions qui pourraient paraître contraires à la bienséance, mais qui s'expliquent par une hardiesse nouvelle (questions sur les raisons du voyage et sur la situation familiale, l. 22 : «ce qui l'amenait», «si elle y avait...»).
L'aveu se fait indirectement mais clairement : «Je lui parlai d'une manière qui lui fit comprendre» (l. 28-29). On note l'assurance du ton. L'emploi de l'indicatif («lui fit comprendre») insiste sur l'efficacité de la démarche (le subjonctif exprimerait une hypothèse; l'indicatif exprime la réalité du résultat obtenu).
La persuasion s'exprime dans l'allusion au discours efficace, violent («Je combattis», l. 34), qui utilise les armes de l'éloquence systématique.

La distanciation ironique née du décalage temporel

L'emploi du passé tout au long du texte suggère un décalage dans le temps entre le moment où a été vécue la scène et le moment où elle est racontée. Cette distanciation est soulignée par l'allusion que fait le narrateur à des malheurs communs ayant suivi la rencontre («qui a causé, dans la suite, tous ses malheurs et les miens», l. 32-33). Elle permet, comme cela arrive souvent dans les textes à la première personne, au narrateur adulte de porter un regard un peu ironique sur l'adolescent qu'il était. Cette ironie apparaît ici dans l'exagération du ton, et dans l'outrance de certains termes.

- La jeune fille est immédiatement définie comme «la maîtresse de (s)on cœur» (l. 19).
- L'attitude du narrateur est caractérisée par des adjectifs, des adverbes et des verbes qui la font paraître tout à fait disproportionnée par rapport à la situation : «déjà si éclairé» (l. 25-26), «je combattis» (l. 34).
- Les sentiments ressentis sont eux-mêmes outrés («coup mortel pour mes désirs», l. 27-28), comme l'est la situation décrite («la cruelle intention de ses parents», l. 34).

Par l'emploi de ces termes exagérés, le narrateur adulte souligne le caractère un peu ridicule de son comportement d'adolescent, ridicule dont il n'avait pas conscience au moment où s'est déroulée la scène.

Texte n° 4 : Rousseau : *Les Confessions*

Dans *Les Confessions,* Rousseau rapporte les événements les plus marquants de sa vie. A seize ans, ayant quitté Genève, il est recueilli par M. de Pontverre, un prêtre. Celui-ci le confie à une nouvelle convertie au catholicisme, Madame de Warens, pour qu'elle fasse son éducation religieuse. Voici le récit de leur rencontre.

Je ne trouvai point Mme de Warens; on me dit qu'elle venait de sortir pour aller à l'église. C'était le jour des Rameaux de l'année 1728. Je cours pour la suivre : je la vois, je l'atteins, je lui parle... Je dois me souvenir du lieu; je l'ai souvent depuis mouillé de mes larmes et couvert de mes baisers. Que ne puis-je entourer d'un balustre d'or cette heureuse place! que n'y puis-je attirer les

hommages de toute la terre! Quiconque aime à honorer les monuments du salut des hommes n'en devrait approcher qu'à genoux.

C'était un passage derrière sa maison, entre un ruisseau à main droite qui la séparait du jardin, et le mur de la cour à gauche, conduisant par une fausse porte à l'église des cordeliers. Prête à entrer dans cette porte, Mme de Warens se retourne à ma voix. Que devins-je à cette vue! Je m'étais figuré une vieille dévote bien rechignée : la bonne dame de M. de Pontverre ne pouvait être autre chose à mon avis. Je vois un visage pétri de grâces, de beaux yeux bleus pleins de douceur, un teint éblouissant, le contour d'une gorge enchanteresse. Rien n'échappa au rapide coup d'œil du jeune prosélyte[1]*, car je devins à l'instant le sien, sûr qu'une religion prêchée par de tels missionnaires ne pouvait manquer de mener en paradis. Elle prend en souriant la lettre que je lui présente d'une main tremblante, l'ouvre, jette un coup d'œil sur celle de M. de Pontverre, revient à la mienne, qu'elle lit tout entière, et qu'elle eût relue encore si son laquais ne l'eût avertie qu'il était temps d'entrer. « Eh! mon enfant, me dit-elle d'un ton qui me fit tressaillir, vous voilà courant le pays bien jeune; c'est dommage en vérité. » Puis, sans attendre ma réponse, elle ajouta : « Allez chez moi m'attendre; dites qu'on vous donne à déjeuner; après la messe j'irai causer avec vous. »*

Jean-Jacques Rousseau, *Les Confessions* (1782).

Idée directrice

La rencontre, réellement vécue, est racontée des années après qu'elle se soit produite. Mais l'éblouissement et l'émotion sont toujours vivaces. La première vision de Mme de Warens reste un choc inoubliable.

1. Ce terme désigne un nouveau converti dont l'attitude est enthousiaste.

PISTES DE LECTURE

On pourra étudier ce texte selon deux axes dont l'un relève de l'écriture autobiographique, et l'autre de l'importance affective de la scène. Le premier axe est l'alternance passé/présent dans le récit; le second, le choc affectif de la rencontre.

L'alternance passé/présent dans le récit

La lecture du texte fait apparaître un changement fréquent des temps verbaux. Le récit commence au passé («Je ne trouvai...» l. 1), se poursuit au présent («Je cours», «je la vois...» l. 4) et cette alternance se retrouve dans chaque paragraphe. Les différents temps du passé n'ont pas la même valeur; les emplois du présent n'ont pas la même finalité. L'alternance des deux notions illustre le décalage entre le moment où la scène a été vécue et celui où elle est racontée.

- *L'emploi du passé :* le passé est utilisé lorsque le récit est replacé dans son véritable contexte, c'est-à-dire lorsque Rousseau était beaucoup plus jeune. On note l'utilisation de temps divers :

L'imparfait : il a dans le texte différentes fonctions. Il sert à donner une indication précise dans le passé («C'était le jour des Rameaux», l. 3). Il est utilisé pour décrire un décor («C'était un passage derrière sa maison», l. 12). Il exprime des considérations générales au passé («la bonne dame... ne pouvait être», l. 18-19; «une religion... ne pouvait manquer...» l. 24-25).

Le passé simple : il souligne la brutalité et la brièveté de certaines actions passées, très vite terminées : «Je ne trouvai point» (l. 1), «Que devins-je» (l. 17), «Rien n'échappa» (l. 22), «je devins» (l. 23-24), «elle ajouta» (l. 34). Ce sont des actions ponctuelles et frappantes, qui soulignent la violence du choc ressenti.

Le plus-que-parfait : par rapport au moment passé où se situe la scène, il présente une action («Je m'étais figuré», l. 17) située dans un passé encore plus lointain.

• *L'emploi du présent :* le présent a le pouvoir d'exprimer une action passée en la réactualisant. Il exprime aussi ce qui se passe au moment où le narrateur écrit.

Le présent de narration : au milieu des actions rapportées au passé, le présent est utilisé dans les moments de grande émotivité. Sa valeur d'actualisation permet au narrateur de présenter les actions comme immédiates et, en quelque sorte, de les revivre au moment où il les raconte. C'est ce qui se passe pour les actions de Rousseau (« Je cours », « je la vois, je l'atteins, je lui parle », l. 4-5 ; « Je vois », l. 20), mais également pour celles de Mme de Warens (« Mme de Warens se retourne », l. 16; « Elle prend... l'ouvre, jette... revient... lit », l. 26-29). La scène ainsi racontée semble se dérouler sous les yeux du narrateur et du lecteur.

Le présent du narrateur : le narrateur utilise le présent pour situer temporellement une pensée qui lui vient à l'esprit au moment où il écrit. C'est le cas lorsqu'il s'écrie : « Je dois me souvenir du lieu » (l. 5) et lorsqu'il exprime des regrets (« Que ne puis-je... que n'y puis-je... » l. 7-8). L'idée d'obligation et les sentiments de regrets correspondent à une prise de conscience qui atteint le narrateur au moment même où il évoque la scène.

Le présent de généralité : c'est le présent qui est utilisé dans les maximes ou les proverbes pour exprimer une vérité qui échappe au temps. La dernière phrase du premier paragraphe : « Quiconque aime à honorer... » (l. 9-10) est une constatation très générale et intemporelle.

L'alternance passé/présent est tout à fait représentative de l'écriture autobiographique. Au récit exprimé au passé se mêlent des réflexions qui appartiennent au présent du narrateur et des évocations si intenses que celui-ci les exprime à un temps qui les actualise. Ce jeu sur les temps est en liaison avec l'importance affective de la scène.

Le choc affectif de la rencontre

L'importance affective de la rencontre est soulignée en premier par une structure particulière du récit : il est en effet interrompu. La rencontre est d'abord brièvement racontée par une succession de quelques verbes («Je cours... je la vois, je l'atteins, je lui parle», l. 4-5). Le récit est ensuite interrompu par des réflexions, puis repris à la ligne 12 («C'était un passage derrière sa maison...»). Par la suite, le lecteur prend conscience du choc ressenti par le narrateur à travers l'analyse d'un éblouissement, un portrait élogieux, une métamorphose et l'extraordinaire importance accordée aux lieux.

L'éblouissement : il est exprimé par une formulation exclamative («Que devins-je à cette vue!» l. 17), puis expliqué par une différence entre ce qu'attendait le jeune homme et ce qu'il découvre. La différence est soulignée par deux verbes opposés à la fois par leur sens et par leur temps («Je m'étais figuré... je vois», l. 17-20). La découverte conduit à un portrait élogieux et très admiratif.

Le portrait de Mme de Warens : le narrateur insiste sur deux caractéristiques : la beauté physique, soulignée par des formulations insistantes : «visage pétri de grâces», «teint éblouissant», «gorge enchanteresse» (l. 20-22), et un caractère charmant et avenant. Ce caractère se révèle à travers les qualités citées («douceur», l. 21) et le comportement décrit (accueil compréhensif et un peu maternel).

La métamorphose du jeune homme : elle est exprimée par une réflexion un peu ironique de Rousseau envers lui-même : il se présente en effet comme un nouveau converti, entièrement soumis au guide («une religion prêchée par de tels missionnaires», l. 24-25) qui l'a séduit. Le terme «prosélyte» (l. 23) insiste particulièrement sur une relation de quasi-idolâtrie.

L'extraordinaire valeur accordée au lieu de la rencontre : elle est traduite par l'idée de l'obligation de la ligne 5 («Je dois me souvenir du lieu») et par les regrets exprimés sous une forme exclamative («Que ne puis-je...!» l. 7-9). L'allusion à une attitude passée et répétée («Je l'ai souvent depuis mouillé de mes larmes» (l. 5-6) insiste sur l'adoration que Rousseau ressent pour un lieu devenu pour lui sacré.

Texte n° 5 : Stendhal : *Le Rouge et le Noir*

Dans *Le Rouge et le Noir,* Stendhal raconte l'évolution sociale d'un jeune homme pauvre, mais cultivé et ambitieux, Julien Sorel. Au début du roman, celui-ci a été embauché par M. de Rênal pour être le précepteur de ses enfants. Voici la première rencontre de Julien avec Madame de Rênal.

Avec la vivacité et la grâce qui lui étaient naturelles quand elle était loin des regards des hommes, madame de Rênal sortait par la porte-fenêtre du salon qui donnait sur le jardin, quand elle aperçut près de la porte d'entrée la figure d'un jeune paysan presque encore enfant, extrêmement pâle et qui venait de pleurer. Il était en chemise bien blanche, et avait sous le bras une veste fort propre de ratine violette.

Le teint de ce petit paysan était si blanc, ses yeux si doux, que l'esprit un peu romanesque de madame de Rênal eut d'abord l'idée que ce pouvait être une jeune fille déguisée, qui venait demander quelque grâce à M. le maire. Elle eut pitié de cette pauvre créature, arrêtée à la porte d'entrée, et qui évidemment n'osait pas lever la main jusqu'à la sonnette. Madame de Rênal s'approcha, distraite un instant de l'amer chagrin que lui donnait l'arrivée du précepteur. Julien, tourné vers la porte, ne la voyait pas s'avancer. Il tressaillit quand une voix douce lui dit tout près de l'oreille :

– Que voulez-vous ici, mon enfant?

Julien se tourna vivement, et frappé du regard si rempli de grâce de madame de Rênal, il oublia une partie de sa timidité. Bientôt, étonné de sa beauté, il oublia tout, même ce qu'il venait faire. Madame de Rênal avait répété sa question.

– Je viens pour être précepteur, madame, lui dit-il enfin, tout honteux de ses larmes qu'il essuyait de son mieux.

Madame de Rênal resta interdite; ils étaient fort près l'un de l'autre à se regarder. Julien n'avait jamais vu un être aussi bien vêtu et surtout une femme avec un teint si éblouissant, lui parler d'un air doux. Madame de Rênal regardait les grosses larmes, qui s'étaient arrêtées sur les joues si pâles d'abord et maintenant si roses de ce jeune paysan. Bientôt elle se mit à rire, avec toute la gaîté folle d'une jeune fille; elle se moquait d'elle-même et ne pouvait se figurer tout son bonheur. Quoi, c'était là ce précepteur qu'elle s'était figuré comme un prêtre sale et mal vêtu, qui viendrait gronder et fouetter ses enfants!

Stendhal, *Le Rouge et le Noir* (1830).

Idée directrice

La rencontre, inattendue, donne lieu à une confusion d'identité : Madame de Rênal prend d'abord Julien pour une jeune fille. Elle s'étonne ensuite de découvrir en lui un précepteur aussi fragile : elle craignait un être brutal et sévère. Cette confusion, qui l'amuse, est à l'origine de ses sentiments envers Julien.

PISTES DE LECTURE

Les caractéristiques du texte, et sa structure, permettent de l'étudier en fonction des trois axes suivants : le jeu des regards, un double portrait et les effets du choc affectif.

Le jeu des regards

Son importance est mise en évidence par l'emploi de verbes qui s'apparentent à l'action de voir ou à celle de regarder. Leur situation, d'un bout à l'autre du texte, et les variations de leurs sujets font apparaître une alternance entre les deux personnages : Mme de Rênal voit Julien sans être vue, puis est découverte et le regard devient réciproque. C'est ainsi que la rencontre devient échange.

Les verbes appartenant au champ lexical de la vue : le texte en comporte 5 («aperçut», l. 5 ; il «ne la voyait pas», l. 19-20; «à se regarder», l. 32 ; «Julien n'avait jamais vu», l. 32-33 ; «regardait», l. 35).
On remarque une variation des temps et des modes. A l'indicatif, le passé simple souligne le caractère soudain de la première vue. Cette soudaineté est accentuée par l'emploi du verbe «apercevoir» (l. 5). L'imparfait, par opposition, souligne une action qui dure. Le verbe «regarder» (l. 35) insiste sur l'idée d'attention, presque d'observation. Le plus-que-parfait («n'avait jamais vu», l. 33) fait allusion à l'inexpérience du jeune homme, qui n'a aucune référence féminine. Enfin le verbe «se regarder» (l. 32) insiste, par la voix pronominale, sur la réciprocité de l'action et l'échange des regards.
La place des verbes et la variation des sujets : le premier verbe a pour sujet Mme de Rênal. C'est donc elle qui, la première, aperçoit «l'autre», de manière inattendue. Le verbe «voir», un peu plus loin (l. 19), a pour sujet Julien. La forme négative («Julien, tourné vers la porte, ne la voyait pas s'avancer», l. 19-20) crée une situation dans laquelle Mme de Rênal a tout loisir d'observer le jeune homme sans qu'il le sache. Après l'interrogation de Mme de Rênal («Que voulez-vous ici, mon enfant?» l. 22), la situation change, ce qui permet à chacun d'entre eux de regarder l'autre.
L'importance du regard est encore soulignée par une précision que donne Stendhal (l. 23) : ce que Julien

perçoit en premier chez son interlocutrice est son «regard», qui exerce sur lui une véritable fascination. Ce jeu des regards détermine une alternance de points de vue et l'existence de deux portraits. Le premier est celui de Julien vu par Mme de Rênal. Le deuxième, beaucoup plus rapide, nous donne quelques précisions sur ce que perçoit Julien.

Le double portrait

Les jeux de regard permettent à Stendhal une présentation des personnages en deux portraits.

Le portrait de Julien : le regard de Mme de Rênal capte brusquement («elle aperçut», l. 5) une image qui est aussitôt précisée. L'ensemble des détails constitue un véritable portrait. Celui-ci est fait en plusieurs étapes selon les détails captés. Le visage («figure», l. 6) est complété par une précision concernant l'allure de son propriétaire («d'un jeune paysan», l. 6). Ce groupe nominal est lui-même précisé par trois caractérisations qui insistent toutes trois sur la fragilité. On note deux termes modifiés par des adverbes («presque encore enfant», «extrêmement pâle», l. 6-7) et une subordonnée relative («et qui venait de pleurer», l. 7). Ces trois caractérisations font du jeune homme une attendrissante apparition. C'est cet aspect vulnérable qui est à l'origine de l'erreur de Mme de Rênal : elle prend Julien pour une fille (l. 13). On remarque que le texte reprend à deux reprises l'image de Julien : au moment ou Mme de Rênal le découvre (l. 5-9), et où cette image accentuée («si blanc, si doux», l. 10-11) lui fait commettre une erreur, et enfin au moment (l. 36-37) où elle l'observe en connaissant son identité. On peut en conclure que la pâleur et les larmes jouent un rôle essentiel.

L'image de Mme de Rênal : elle est perçue lorsque Julien, après avoir répondu à la question, regarde son interlocutrice. Cette image est exprimée sous une forme très élogieuse. Les adverbes d'intensité («aussi»... «si», l. 33-34) ont ici une valeur de superlatifs.

Julien retient essentiellement trois caractéristiques : l'élégance vestimentaire (« aussi bien vêtu », l. 33), l'éclat du visage (« un teint si éblouissant », l. 34), et la douceur de l'apparence.
La précision apportée par l'expression « surtout une femme » souligne avec peut-être une certaine ironie de Stendhal l'ignorance totale de son héros en matière d'élégance, et particulièrement d'élégance féminine.
Ces deux portraits permettent de comprendre les réactions immédiates des deux personnages et la violence du choc affectif ressenti.

Le choc affectif

Les deux personnages sont étonnés, émus, métamorphosés, mais ce n'est ni de la même façon, ni pour les mêmes raisons.
L'émotion de Julien : elle se manifeste par des étapes successives, soulignées par des actions, puis par une fascination qui lui fait perdre la mémoire. Les actions sont exprimées par des verbes au passé simple (« Il tressaillit », l. 20, « se tourna », l. 23). La fascination est soulignée par l'emploi d'un participe passé passif qui exprime l'idée d'un choc (« frappé », l. 23).
Stendhal note précisément les étapes de cette émotion : tout d'abord, Julien se sent capable d'une certaine hardiesse puisqu'il oublie « une partie de sa timidité ». Ensuite, il constate une perte totale de la mémoire (« il oublia tout », l. 25-26).
L'émotion de Mme de Rênal : Mme de Rênal a plusieurs réactions successives, étroitement liées à la question de l'identité de Julien. Stendhal les analyse avec précision, en narrateur omniscient, qui se place à l'intérieur de son personnage.
Il fait d'abord état de pitié et de compassion (« Elle eut pitié », l. 14). Cette compassion détermine toute une interprétation du comportement de Julien (« et qui évidemment n'osait pas... », l. 15-16). Elle est ensuite remplacée par un violent étonnement, que traduit l'adjectif « interdite » (l. 31). On note que cet état est

exprimé au passé simple, ce qui en souligne la brutalité. A cet état succède enfin, contre toute attente, une véritable explosion de joie. Celle-ci est exprimée par un ensemble de termes appartenant au registre de l'affectivité heureuse («rire», «gaîté folle», «se moquait», «bonheur», l. 38-40).
Cette dernière réaction s'explique par la juxtaposition presque grotesque de deux images : celle du précepteur imaginé («prêtre sale et mal vêtu», l. 41-42) et celle de Julien, qui en est si éloignée.

Texte n° 6 : Balzac : *Le Lys dans la vallée*

Félix de Vandenesse fait le récit d'une aventure sentimentale qui a profondément marqué son adolescence. Il en raconte ici l'épisode déterminant, sa rencontre avec Mme de Mortsauf, lors d'un grand bal à Tours.

Je regardai ma voisine, et fus plus ébloui par elle que je ne l'avais été par la fête; elle devint toute ma fête. Si vous avez bien compris ma vie antérieure, vous devinerez les sentiments qui sourdirent en mon cœur. Mes yeux furent tout à coup frappés par de blanches épaules rebondies sur lesquelles j'aurais voulu pouvoir me rouler, des épaules légèrement rosées qui semblaient rougir comme si elles se trouvaient nues pour la première fois, de pudiques épaules qui avaient une âme, et dont la peau satinée éclatait à la lumière comme un tissu de soie. [...] Après m'être assuré que personne ne me voyait, je me plongeai dans ce dos comme un enfant qui se jette dans le sein de sa mère, et je baisai toutes ces épaules en y roulant ma tête. Cette femme poussa un cri perçant, que la musique

empêcha d'entendre; elle se retourna, me vit et me dit :

– Monsieur!...

Ah! si elle avait dit : « Mon petit bonhomme, qu'est-ce qui vous prend donc? » je l'aurais tuée peut-être; mais à ce monsieur! *des larmes chaudes jaillirent de mes yeux. Je fus pétrifié par un regard animé d'une sainte colère, par une tête sublime couronnée d'un diadème de cheveux cendrés, en harmonie avec ce dos d'amour. Le pourpre de la pudeur offensée étincela sur son visage, que désarmait déjà le pardon de la femme qui comprend une frénésie quand elle en est le principe, et devine des adorations infinies dans les larmes du repentir. Elle s'en alla par un mouvement de reine. Je sentis alors le ridicule de ma position; alors seulement, je compris que j'étais fagoté comme le singe d'un Savoyard. J'eus honte de moi. Je restai tout hébété, savourant la pomme que je venais de voler, gardant sur mes lèvres la chaleur de ce sang que j'avais aspiré, ne me repentant de rien et suivant du regard cette femme descendue des cieux. Saisi par le premier aspect charnel de la grande fièvre du cœur, j'errai dans le bal devenu désert, sans pouvoir y retrouver mon inconnue. Je revins me coucher métamorphosé.*

Honoré de Balzac, *Le Lys dans la vallée* (1835).

Idée directrice

La présence d'une femme éblouissante inspire au narrateur un geste de folie, puis lui fait prendre conscience de sa propre situation. La rencontre est vécue comme une révélation et un bouleversement.

Structure du texte

La première partie du texte (l. 1 à 15) raconte l'éblouissement du narrateur et son geste insensé. La deuxième partie (l. 16 à 41) analyse les réactions des personnages après cet acte. Le récit est fait à la première personne, par celui qui a vécu la scène.

PISTES DE LECTURE

Un geste insensé (l. 1-15)

On peut distinguer trois étapes dans ce premier mouvement :

L'éblouissement du narrateur : la cause en est un regard soudain (« Je regardai », l. 1) et la découverte brusque d'un être fascinant. La brutalité et la rapidité sont soulignées par l'emploi du passé simple et par les mots « sourdirent », « tout à coup » (l. 5, 6). Cette présence annihile le décor et emplit le champ visuel du narrateur (« elle devint toute ma fête », l. 3 ; « mes yeux furent tout à coup frappés », l. 5-6) : le choc qui l'atteint est à la fois physique (il est ébloui) et affectif.

La description des épaules : le narrateur insiste sur la couleur (« blanches », « légèrement rosées », l. 6, 8), sur la forme (« rebondies », l. 7) sur le chatoiement des reflets (« soie », l. 12). Il les personnifie et leur prête des qualités morales (« pudiques », « âme », l. 10, 11). La description met l'accent sur l'imagination poétique et sur les fantasmes du narrateur.

Le geste : il est présenté comme prémédité (« Après m'être assuré », l. 12) et assimilé à un élan enfantin (« enfant », « mère », l. 14) passionné et désordonné. Certaines formulations inattendues (« je me plongeai dans ce dos », « toutes ces épaules », l. 13,15) suggèrent un véritable univers dans lequel se perd (au sens propre et au sens figuré) le narrateur.

Les réactions des deux personnages (l. 16-41)

Elles sont données alternativement par le narrateur, qui mêle le récit, la description et l'analyse.
La réaction de Mme de Mortsauf se limite d'abord à un cri, à un geste et à un mot. Elle est rapide et brusque, comme le souligne la succession des trois verbes des

lignes 17-18 («elle se retourna, me vit et me dit»). Elle provoque chez le narrateur une violente émotion : il est en effet considéré comme un adulte («Monsieur!» l. 19), alors qu'il pouvait s'attendre à être traité familièrement comme un enfant mal élevé («Mon petit bonhomme», l. 20). La situation est inversée par rapport à celle des lignes 1-15 : le regard vient maintenant de Mme de Mortsauf, ce qui permet au narrateur de la décrire (l. 23-30). La description mêle les détails physiques (tête, parure, coiffure) aux réactions psychologiques («colère», «pudeur») perçues ou devinées. L'analyse subtile que Félix fait de la Femme (l. 27, 28, 29), soulignant l'opposition entre la colère apparente et le plaisir secret d'être adorée, marque son expérience ultérieure. Le récit eSt en effet écrit bien après l'événement. Le départ de Mme de Mortsauf (l. 30) donne naissance, chez le narrateur, à une lucidité nouvelle («je sentis», «je compris», l. 31,32). Il analyse et présente alors ses réactions immédiates («honte», l. 33; surprise), et assimile son plaisir à celui du fruit défendu («savourant la pomme que je venais de voler», l. 34-35).

Une longue phrase (l. 33-37) énumère cet ensemble de sentiments, souligne l'absence de repentir et la fascination du narrateur pour une femme comparée à une divinité («cette femme descendue des cieux», l. 37). La fin du texte (l. 37-41) le montre conscient de la dualité du choc ressenti, qui atteint à la fois le corps («aspect charnel», l. 38) et le cœur. L'absence de celle qu'il s'approprie déjà («mon inconnue», l. 40) le conduit à s'en aller. La dernière phrase insiste sur une conséquence fondamentale de la rencontre : une modification profonde de l'être sur le plan physique, intellectuel et affectif.

Texte n° 7 : Nerval : «Sylvie» *(Les filles du feu)*

Dans le chapitre II de «Sylvie», nouvelle d'inspiration autobiographique, le narrateur se remémore sa première rencontre avec une jeune fille nommée Adrienne. Les circonstances de cette scène champêtre en font une sorte de cérémonie magique.

J'étais le seul garçon dans cette ronde, où j'avais amené ma compagne toute jeune encore, Sylvie, une petite fille du hameau voisin, si vive et si fraîche, avec ses yeux noirs, son profil régulier et sa peau légèrement hâlée!... Je n'aimais qu'elle, je ne voyais qu'elle – jusque-là! A peine avais-je remarqué, dans la ronde où nous dansions, une blonde, grande et belle, qu'on appelait Adrienne. Tout à coup, suivant les règles de la danse, Adrienne se trouva placée seule avec moi au milieu du cercle. Nos tailles étaient pareilles. On nous dit de nous embrasser, et la danse et le chœur tournaient plus vivement que jamais. En lui donnant ce baiser, je ne pus m'empêcher de lui presser la main. Les longs anneaux roulés de ses cheveux d'or effleuraient mes joues. De ce moment, un trouble inconnu s'empara de moi. La belle devait chanter pour avoir le droit de rentrer dans la danse. On s'assit autour d'elle, et aussitôt, d'une voix fraîche et pénétrante, légèrement voilée, comme celle des filles de ce pays brumeux, elle chanta une de ces anciennes romances pleines de mélancolie et d'amour, qui racontent toujours les malheurs d'une princesse enfermée dans sa tour par la volonté d'un père qui la punit d'avoir aimé. La mélodie se terminait à chaque stance par ces trilles chevrotants que font valoir si bien les voix jeunes, quand elles imitent par un frisson modulé la voix tremblante des aïeules.

A mesure qu'elle chantait, l'ombre descendait des grands arbres, et le clair de lune naissant tombait

sur elle seule, isolée de notre cercle attentif. – Elle se tut, et personne n'osa rompre le silence. La pelouse était couverte de faibles vapeurs condensées, qui déroulaient leurs blancs flocons sur les pointes des herbes. Nous pensions être en paradis. – Je me levai enfin, courant au parterre du château, où se trouvaient des lauriers, plantés dans de grands vases de faïence peints en camaïeu. Je rapportai deux branches, qui furent tressées en couronne et nouées d'un ruban. Je posai sur la tête d'Adrienne cet ornement, dont les feuilles lustrées éclataient sur ses cheveux blonds aux rayons pâles de la lune.

Gérard de Nerval, *Les filles du feu* (1854).

Idée directrice

La rencontre entre les deux adolescents est racontée comme un rituel d'initiation. Elle fait d'Adrienne une divinité dont le pouvoir transforme le monde et fait oublier le réel.

Structure du texte

On peut voir trois mouvements. Le narrateur présente sa situation (l. 1-9). Il raconte ensuite la rencontre et ses péripéties (l. 9-35). La fin du texte relate le couronnement d'Adrienne (l. 35-42).

PISTES DE LECTURE

La situation du narrateur (l. 1-9)

Elle est donnée à la première personne, et au passé («J'étais», «j'avais amené», l. 1, 2). Le narrateur précise le contexte (un jeu), sa situation originale («le seul garçon», l. 1), la présence de son amie («ma compagne», l. 2). Celle-ci est décrite avec précision (âge, origine, physionomie) par une abondance d'adjectifs laudatifs, sur un ton admiratif (point d'exclamation de la ligne 6). Le narrateur souligne une relation privilégiée (amour unique, vision unique soulignés par «ne...

que» : « Je n'aimais qu'elle», l. 6). C'est ce qui explique son indifférence apparente vis-à-vis d'Adrienne («A peine avais-je remarqué», l. 7). Celle-ci est juste présentée par trois indications vagues : «blonde», «grande», «belle», qui suffisent à faire d'elle une sorte de déesse différente de la petite paysanne qu'est Sylvie.

La rencontre (l. 9-35)

Elle évolue en trois étapes : l'échange du baiser, la chanson, la modification de l'environnement.

La rencontre et l'échange du baiser se passent de façon soudaine, comme le montrent «tout à coup» (l. 9) et le passé simple («se trouva», l. 10). L'insistance sur le rituel («suivant les règles de la danse», l. 9-10), sur les ordres («On nous dit», l. 11-12), sur l'image d'un emprisonnement (le tournoiement de la ronde, l. 12-13), souligne le côté magique de la scène et le rôle imposé aux héros. Même la pression de la main apparaît comme un geste incontrôlé («je ne pus m'empêcher», l. 14), bien qu'il ne soit pas imposé par le jeu. Le narrateur insiste sur un bouleversement affectif dont il est la victime involontaire («un trouble inconnu s'empara de moi», l. 16-17).

La deuxième partie est consacrée au chant : le narrateur insiste encore sur le rituel («devait», l. 17), puis souligne le charme de la voix (trois adjectifs suivis d'une comparaison : «une voix fraîche et pénétrante, légèrement voilée, comme celle...» l. 19-20). Il précise la nature («romances»), le thème de la chanson (l'amour) et la manière de chanter («trilles», «frisson», l. 26, 28). Les différentes précisions concernant la voix et la chanson accentuent le caractère magique d'une scène toute imprégnée d'amour et de mélancolie.

La dernière partie de la scène souligne la modification progressive de l'environnement («A mesure», l. 29) sous le sortilège de la voix. Le narrateur insiste sur les jeux de lumière et d'ombre en un mouvement descendant («descendait», «tombait», l. 29, 30), sur l'isolement de la chanteuse magicienne. Les trois dernières phrases marquent l'apogée de la scène : l'envoûtement des participants et leur silence, la beauté d'une nature transfigurée (« vapeurs », « flocons », l. 33, 34) l'impression dominante d'un univers divin (allusion au « paradis », l. 35) apportent une conclusion qui souligne une fois encore l'idée d'un enchantement.

Le couronnement d'Adrienne (l. 35-42)

La ponctuation (un point suivi d'un tiret (l. 35) rompt brusquement le charme (l. 35). Le narrateur revient à lui (« Je me levai », l. 35) en une prise de conscience accompagnée d'une décision (la recherche de branches). L'adverbe « enfin » (« Je me levai enfin », l. 35-36) souligne la durée de la scène magique. La fin du texte est la description d'un nouveau geste rituel. La couronne de laurier (symbole de victoire et de triomphe) concrétise la reconnaissance des pouvoirs de la magicienne. L'insistance sur la première personne (« Je me levai », « Je rapportai », « Je posai », l. 35, 38, 40) laisse penser que le monde environnant a disparu : la fée et son admirateur soumis sont seuls. La dernière image (lumière des feuilles, de la lune, blondeur des cheveux) évoque un tableau de la Renaissance.

Texte n° 8 : Flaubert : *L'Éducation sentimentale*

L'Éducation sentimentale retrace l'initiation à la vie parisienne et les amours de Frédéric Moreau, un jeune provincial. Au début du roman, il rencontre, sur un bateau qui remonte la Seine, Mme Arnoux, la femme d'un industriel parisien.

Ce fut comme une apparition :

Elle était assise, au milieu du banc, toute seule ; ou du moins il ne distingua personne, dans l'éblouissement que lui envoyèrent ses yeux. En même temps qu'il passait, elle leva la tête ; il fléchit

involontairement les épaules; et, quand il se fut mis plus loin, du même côté, il la regarda.

Elle avait un large chapeau de paille, avec des rubans roses qui palpitaient au vent, derrière elle. Ses bandeaux noirs, contournant la pointe de ses grands sourcils, descendaient très bas et semblaient presser amoureusement l'ovale de sa figure. Sa robe de mousseline claire, tachetée de petits pois, se répandait à plis nombreux. Elle était en train de broder quelque chose; et son nez droit, son menton, toute sa personne se découpait sur le fond de l'air bleu.

Comme elle gardait la même attitude, il fit plusieurs tours de droite et de gauche pour dissimuler sa manœuvre; puis il se planta tout près de son ombrelle, posée contre le banc, et il affectait d'observer une chaloupe sur la rivière.

Jamais il n'avait vu cette splendeur de sa peau brune, la séduction de sa taille, ni cette finesse des doigts que la lumière traversait. Il considérait son panier à ouvrage avec ébahissement, comme une chose extraordinaire. Quels étaient son nom, sa demeure, sa vie, son passé? Il souhaitait connaître les meubles de sa chambre, toutes les robes qu'elle avait portées, les gens qu'elle fréquentait; et le désir de la possession physique même disparaissait sous une envie plus profonde, dans une curiosité douloureuse qui n'avait pas de limites.

Gustave Flaubert, *L'Éducation sentimentale* (1869).

Idée directrice

Le regard du jeune homme est attiré par une «apparition» soudaine. Le texte nous présente l'héroïne, vue à travers un regard ébloui, et les manœuvres d'approche de Frédéric.

PISTES DE LECTURE

Le caractère visuel de la rencontre, et son aspect unilatéral conduisent à faire une étude selon les trois axes suivants : l'importance du regard, l'art de la description et la mise en jeu de l'imagination.

L'importance du regard

La lecture du texte permet de repérer l'existence d'un champ lexical de la vue, composé de noms et de verbes. Ceux-ci traduisent la perception visuelle qui constitue l'essentiel de cette scène de rencontre.

Les noms : ils se situent dans les premières lignes du texte («apparition», l. 1 et «éblouissement», l. 4). Leur choix met en relief le caractère presque divin de la personne vue. Le premier est mis en valeur par sa situation dans une phrase détachée du reste du texte. Le second insiste sur l'idée d'un véritable aveuglement, qui fait disparaître tout ce qui n'est pas «elle».

Les verbes : ils sont au nombre de 5, dispersés dans le texte à des temps et à des modes différents. Le fait que le sujet de chacun d'entre eux soit Frédéric souligne le caractère unilatéral de la rencontre : elle ne comporte aucun échange. Deux de ces verbes sont au passé simple («il ne distingua personne», l. 3 ; «il la regarda», l. 7). Le premier insiste sur l'incapacité soudaine de voir tant est violent l'éblouissement. Le second souligne le début d'une véritable observation. Le verbe «observer» (l. 21) souligne, par la proximité du verbe «affecter» («il affectait d'observer une chaloupe», l. 21-22), une attitude fausse : la description qui figure dans les lignes 23-25 montre bien que ce n'est pas la chaloupe qui est longuement regardée (l'imparfait souligne la durée), mais la jeune femme.

Les deux derniers verbes de perception visuelle ont chacun un rôle très significatif : le verbe «voir» au plus-que-parfait et à la forme négative («Jamais il n'avait vu...», l. 23) exprime très clairement l'inexpérience totale du jeune homme, et l'absence de référence. Le verbe «considérer» (l. 25) fait apparaître un curieux phénomène de transfert : tout ce qui concerne la jeune femme prend une valeur presque divine aux yeux du jeune homme, réellement fasciné.

L'absence de réaction de «l'apparition» permet au jeune homme de l'observer. Cette observation détermine un portrait tout à fait comparable à une description de tableau.

L'art de la description

Le deuxième paragraphe est entièrement consacré à la description de la jeune femme, telle qu'elle est perçue par le regard très admiratif du jeune homme. La description physique suit un ordre descendant puis donne une image d'ensemble. On peut remarquer une insistance sur les mouvements, sur les détails et le caractère très «affectif» de ce portrait.

Les mouvements : ils sont suggérés par des verbes («palpitaient», l. 9, «contournant», l. 10, «descendaient», l. 11, «presser», l. 12, «se répandait», l. 13-14). Ils rendent vivante une description statique et donnent presque l'impression d'un pinceau ou d'un crayon en action.

Les détails : ils portent sur les couleurs, sur les formes, sur les motifs («roses», l. 9, «noirs», l. 10, «claire», l. 13, «bleu», l. 17, «petits pois», l. 13). Ils soulignent l'acuité d'un regard auquel rien n'échappe, à la fois par curiosité, par intérêt et par admiration.

Une description affective : le choix de certains mots laisse penser que le jeune homme éprouve une forte émotion et traduit, à travers la description qu'il fait, ses sentiments et ses désirs. Ainsi «palpiter» (l. 9) suggère le cœur battant; «presser» et «amoureusement» (l. 12) expriment plus les élans secrets du jeune amoureux que les mouvements de la coiffure.

La description se termine par l'image d'une silhouette. On peut remarquer que ce portrait, assez stéréotypé, ne donne aucune réelle caractérisation de la jeune femme :

elle est une image idéale de la Femme et non d'une femme particulière. Il est probable que le jeune homme voit en elle la femme à laquelle il a pu rêver. Elle reste ainsi inaccessible. C'est ce caractère inaccessible, et l'absence de réaction qui poussent le jeune homme à imaginer ce qu'il ne connaît pas de la jeune femme.

La mise en jeu de l'imagination

Frédéric semble être sous l'effet d'un choc (aveuglement, puis admiration profonde). C'est ce qui explique son attitude devant le panier à ouvrage (l. 25-27), attitude soulignée par Flaubert avec une certaine ironie. L'incapacité où il se trouve de communiquer avec « l'apparition » le conduit à imaginer son univers. Cette recherche s'apparente à une véritable prise de possession.

Un univers imaginé : sa création répond aux questions exprimées dans le texte au style direct et portant sur quatre domaines (famille, habitation, façon de vivre, passé). Ces différents domaines englobent tout ce qui concerne la jeune femme (on note qu'à ce moment du roman elle est encore tout à fait anonyme). Flaubert se place à l'intérieur de son personnage pour exprimer ses vœux (« Il souhaitait », l. 28). Ceux-ci constituent une tentative pour entrer dans l'intimité de la jeune femme (« chambre », « robes », l. 29) et, sans doute, pour la rendre plus humaine et plus accessible.

Une douloureuse prise de possession : la fin du texte tente d'analyser ce que ressent exactement le jeune homme. Mais on remarque que les termes restent flous (« envie plus profonde », « qui n'avait pas de limites », l. 31-33). L'intrusion de l'imagination du jeune homme dans la vie de la jeune femme ne se fait pas sans douleur : elle correspond à une insatisfaction profonde et à des espoirs peut-être vains. La rencontre est à la fois éblouissement et douleur : la « divinité » n'est pas réellement humaine.

Texte n° 9 : Alain-Fournier : *Le Grand Meaulnes*

Meaulnes, un adolescent secret et solitaire, est à la recherche d'un mystérieux domaine. Lorsqu'il y parvient, il assiste à une fête étrange. Le lendemain, dans le parc, il rencontre deux femmes, «l'une, très vieille, l'autre, une jeune fille blonde, élancée».

Cependant, les deux femmes passaient près de lui et Meaulnes, immobile, regarda la jeune fille. Souvent, plus tard, lorsqu'il s'endormait après avoir désespérément essayé de se rappeler le beau visage effacé, il voyait en rêve passer des rangées de jeunes femmes qui ressemblaient à celle-ci. L'une avait un chapeau comme elle et l'autre son air un peu penché; l'autre son regard si pur; l'autre encore sa taille fine, et l'autre avait aussi ses yeux bleus : mais aucune de ces femmes n'était jamais la grande jeune fille.

Meaulnes eut le temps d'apercevoir, sous une lourde chevelure blonde, un visage aux traits un peu courts, mais dessinés avec une finesse presque douloureuse. Et comme déjà elle était passée devant lui, il regarda sa toilette, qui était bien la plus simple et la plus sage des toilettes...

Perplexe, il se demandait s'il allait les accompagner, lorsque la jeune fille, se tournant imperceptiblement vers lui, dit à sa compagne : «Le bateau ne va pas tarder, maintenant, je pense?...»

Et Meaulnes les suivit. La vieille dame, cassée, tremblante, ne cessait de causer gaiement et de rire. La jeune fille répondait doucement. Et lorsqu'elles descendirent sur l'embarcadère, elle eut ce même regard innocent et grave, qui semblait dire : «Qui êtes-vous? Que faites-vous ici? Je ne vous connais pas. Et pourtant il me semble que je vous connais.»

Alain-Fournier, *Le Grand Meaulnes*, Éd. Fayard (1913).

Idée directrice

La rencontre, inattendue et rapide, est présentée du point de vue de Meaulnes. Il n'y a qu'un échange de regards, mais celui du jeune homme, ébloui et charmé, permet un bref portrait. Celui de la jeune fille est plus révélateur que des paroles.

Structure du texte

Après une brève phrase d'introduction (l. 1-3), le texte comporte deux descriptions (l. 3-11 et 12-17). Mêlant l'évocation rêvée au souvenir de la réalité, elles sont toutes deux empreintes de poésie, de charme léger, de nostalgie mystérieuse. Le récit reprend à la l. 18, entrecoupé de style direct (l. 20-21 et 26-28).

PISTES DE LECTURE

La première phrase, narrative, situe les personnages («passaient près de lui») et oriente le texte vers une description développant le verbe «regarder» (l. 3).

Première description (l. 3-11)

Son originalité vient à la fois du décalage temporel et de ce qu'elle n'est pas réellement une description de la jeune fille, mais l'énumération d'éléments lui appartenant («son air», «son regard», «sa taille», l. 8, 9). Ces éléments sont présentés à travers d'autre images féminines : ce que fait Meaulnes ressemble à l'impossible reconstitution d'un «puzzle».
Cette description est introduite par une longue phrase qui anticipe sur la suite de l'histoire («Souvent, plus tard», l. 3). Cette phrase met en relief les efforts de mémoire et d'imagination de Meaulnes pour retrouver l'image de la jeune fille. L'accent est mis sur la difficulté («désespérément», «essayé», l. 4; «effacé», «rêve», l. 5) de faire apparaître non une femme, mais cette femme particulière. Les multiples apparitions toutes poétiques et parées du charme de l'imaginaire («l'une, l'autre» répété quatre fois) donnent les éléments d'un

portrait mystérieux et séduisant : regard, taille, couleur des yeux (l. 7-10).
La dernière phrase («mais aucune de ces femmes», l. 10) reprend l'idée d'une difficulté («aucune... n'était jamais»), celle de la reconstitution qui réunirait en un même personnage les différentes caractéristiques de la jeune fille aperçue.

Deuxième description (l. 12-17)

Après cette anticipation, l'auteur revient au moment de la rencontre et précise le contenu d'un regard rapide. Celui-ci est souligné par l'emploi du passé simple et du verbe «apercevoir» (l. 12) : le visage est caractérisé par ses traits (l. 13), et par une particularité qui n'échappe pas au jeune homme («une finesse presque douloureuse», l. 14). La manière dont Meaulnes les décrit souligne l'acuité de son regard.
Dans la phrase qui suit («Et comme déjà elle était passée devant lui», l. 15), le plus-que-parfait du verbe («était passée») marque un éloignement qui permet à Meaulnes d'observer sans être vu. Son jugement sur la tenue de la jeune fille est plutôt élogieux («la plus simple et la plus sage», l. 16-17). Peu de temps avant, il avait trouvé son costume «extraordinaire».

Reprise du récit (l. 18-28)

Les points de suspension de la ligne 17 suggèrent une incertitude reprise par l'adjectif «perplexe» et par l'interrogation indirecte («il se demandait s'il allait les accompagner», l. 18). Mais la phrase de la jeune fille (l. 20-21) fournit à Meaulnes une réponse et détermine sa décision («Et Meaulnes les suivit», l. 22). Il doit en effet prendre lui aussi le bateau. De plus, le geste qu'elle fait («se tournant imperceptiblement vers lui», l. 19-20) lui laisse penser qu'il a été remarqué. Le récit rapproche alors les trois personnages en soulignant ce qui est perçu par Meaulnes : la tonalité des voix,

mais non le contenu du dialogue («gaiement», «doucement»).
Le texte se termine sur la description et l'interprétation d'un deuxième regard semblable au premier («son regard si pur», l. 8; «innocent», l. 26). Ce que Meaulnes y lit est essentiel, même si ce n'est qu'une apparence («qui semblait dire», l. 26). Le passage au style direct (questions et affirmations) est l'expression, non seulement d'un intérêt, mais d'une complicité mystérieuse, ce que souligne la répétition du verbe «connaître», d'abord négatif, puis affirmatif («Je ne vous connais pas», «je vous connais», l. 27-28).

Texte n° 10 : Breton : *Nadja*

Dans *Nadja,* André Breton entreprend de raconter quelques épisodes «les plus marquants» de sa vie, issus de «rapprochements soudains» et de «pétrifiantes coïncidences». Cet intérêt pour des faits nés du hasard est tout à fait représentatif du surréalisme. La rencontre avec Nadja, une jeune femme mystérieuse, fait partie de ces hasards. L'aspect surréaliste du roman vient de ce que l'héroïne appartient autant au rêve qu'à la réalité.

Tout à coup, alors qu'elle est peut-être encore à dix pas de moi, venant en sens inverse, je vois une jeune femme, très pauvrement vêtue, qui, elle aussi, me voit ou m'a vu. Elle va la tête haute, contrairement à tous les autres passants. Si frêle qu'elle se pose à peine en marchant. Un sourire imperceptible erre peut-être sur son visage. Curieusement fardée, comme quelqu'un qui, ayant commencé par les yeux, n'a pas eu le temps de finir, mais le bord des yeux si noir pour une blonde. Le bord, nullement la paupière (un tel éclat s'obtient et s'obtient seulement si l'on ne passe avec soin le crayon

que sous la paupière. Il est intéressant de noter, à ce propos, que Blanche Derval[1]*, dans le rôle de Solange, même vue de très près, ne paraissait en rien maquillée. Est-ce dire que ce qui est très faiblement permis dans la rue mais est recommandé au théâtre ne vaut à mes yeux qu'autant qu'il est passé outre à ce qui est défendu dans un cas, ordonné dans l'autre? Peut-être). Je n'avais jamais vu de tels yeux. Sans hésitation j'adresse la parole à l'inconnue, tout en m'attendant, j'en conviens du reste, au pire. Elle sourit, mais très mystérieusement, et, dirai-je, comme* en connaissance de cause, *bien qu'alors je n'en puisse rien croire. Elle se rend, prétend-elle, chez un coiffeur du boulevard Magenta (je dis : prétend-elle, parce que sur l'instant j'en doute et qu'elle devait reconnaître par la suite qu'elle allait sans but aucun). Elle m'entretient bien avec une certaine insistance de difficultés d'argent qu'elle éprouve, mais ceci, semble-t-il, plutôt en manière d'excuse et pour expliquer l'assez grand dénuement de sa mise. Nous nous arrêtons à la terrasse d'un café proche de la gare du Nord. Je la regarde mieux. Que peut-il bien passer de si extraordinaire dans ces yeux? Que s'y mire-t-il à la fois obscurément de détresse et lumineusement d'orgueil?*

André Breton, *Nadja,* Éd. Gallimard (1928).

Idée directrice

La rencontre, inattendue, est vécue et vue par le narrateur. Le premier regard, décisif et fascinant, entraîne un dialogue, mais de nombreux éléments restent incertains.

1. Blanche Derval est le nom d'une actrice dont Breton affirme qu'elle est «la plus admirable et sans doute la *seule* actrice de ce temps» (Éd. Gallimard, Coll. «Folio», p. 55).

PISTES DE LECTURE

L'originalité de l'écriture, et les caractéristiques de cette rencontre à tendance surréaliste font que l'on peut orienter l'étude du texte autour des deux axes suivants : les différentes modalités du récit et le caractère insolite de la rencontre.

Les modalités d'écriture

La lecture du texte fait apparaître un mélange constant entre différents modes d'écriture : le récit au présent est fréquemment interrompu par des passages de réflexion, par des remarques que le narrateur ne peut faire qu'après avoir vécu la scène, par des questions. On peut repérer ces différents phénomènes et les analyser.

Le récit : il est actualisé par l'utilisation constante du présent, mais ce présent peut avoir plusieurs valeurs. Il exprime une action ponctuelle et soudaine («je vois», l. 3, «j'adresse», l. 21, «elle sourit», l. 23, «nous nous arrêtons», l. 33), ou bien une action qui dure plus longtemps. Il sert alors à décrire un caractère ou un comportement durable («elle va la tête haute», l. 4-5, «elle se pose à peine en marchant», l. 6, «erre», l. 7, «elle m'entretient», l. 29, «elle éprouve», l. 31, «je la regarde», l. 34-35, «que s'y mire-t-il?» l. 36).
C'est le récit qui met réellement en scène la rencontre. Il en rapporte les différentes étapes.
La première est le regard, ce que souligne la répétition du verbe «voir» dans les premières lignes. L'intrusion du passé composé («ou m'a vu», l. 4) suggère une hypothèse différente : le narrateur a déjà été aperçu. La deuxième étape est l'introduction d'un dialogue («j'adresse», l. 21); la troisième, que le narrateur suggère mais ne rapporte pas, est une promenade à deux; la quatrième est l'arrêt à la terrasse d'un café. On note que le récit est caractérisé, au début du texte, par des phrases assez brèves dont certaines sont nominales («Si frêle qu'elle se pose à peine en marchant», l. 6).

Les phrases plus longues contiennent des interruptions du récit, sous des formes diverses.

Les interruptions : une longue parenthèse (l. 11-20) coupe le récit de manière inattendue. Elle s'intègre en effet à une phrase qui reste inachevée («Le bord, nullement la paupière», l. 10-11). Cette parenthèse comporte plusieurs phrases et évolue en trois étapes successives. La première est une réflexion assez spécialisée sur l'art du maquillage («un tel éclat s'obtient et s'obtient seulement si l'on ne passe avec soin le crayon que sous la paupière», l. 11-13). La précision «et s'obtient seulement» laisse supposer, par son ton nettement affirmatif, que le narrateur est un connaisseur.

La seconde étape, liée à cette idée par l'expression «à ce propos» (l. 14) fait allusion à un spectacle et à la manière de se maquiller d'une comédienne connue. La troisième étape («Est-ce à dire que ... autre»? l. 16-20) est nettement plus longue, et plus complexe dans sa structure syntaxique : on note l'abondance des subordinations par la présence de nombreux «que» et «qui». C'est une interrogation qui met en cause l'avis personnel du narrateur. L'expression «à mes yeux» insiste sur le côté personnel du jugement. La réponse du narrateur à lui-même est incertaine, comme le souligne l'adverbe «peut-être» (l. 20).

On remarque aussitôt après la parenthèse que nous venons d'analyser une phrase au plus-que-parfait, négative («Je n'avais jamais vu de tels yeux», l. 20-21). L'emploi du passé fait référence à l'expérience du narrateur, et souligne l'admiration pour le regard perçu.

Un autre type d'interruption nous fait comprendre que le narrateur, lorsqu'il fait son récit, réfléchit à ce qui s'est passé au moment où il a vécu la scène. Même s'il la raconte au présent, on peut se rendre compte que «j'adresse» (l. 21) fait référence à la scène vécue, tandis que « j'en conviens » (l. 22) fait référence au moment où il raconte, plus tard, ce qui s'est passé.

On note enfin les interruptions qui permettent au narrateur de prendre du recul par rapport à ce que dit ou fait la jeune femme rencontrée. Ainsi l'utilisation d'une typographie différente pour l'expression *« en connaissance de cause »* (l. 24) met nettement en relief une impression du narrateur. Il lui semble que la jeune femme sait pourquoi elle sourit « mystérieusement », mais lui, ne peut le savoir.

L'utilisation des parenthèses est également une façon d'interrompre le récit pour mettre en évidence une explication. Le narrateur revient sur un mot qu'il a employé (le verbe « prétendre », l. 26) et justifie le choix de ce verbe plutôt que celui du verbe « dire », par exemple. Le contenu de la parenthèse exprime une incertitude : le narrateur semble avoir du mal à croire qu'une personne d'apparence aussi pauvre puisse aller chez le coiffeur. La parenthèse contient également l'indication d'une information ultérieure exprimée à l'imparfait (« elle devait reconnaître par la suite », l. 28). Le choix du verbe « prétendre » se trouve ainsi justifié une seconde fois.

Le texte se termine par une double interrogation que le narrateur s'adresse à lui-même (l. 35, 37) : elle traduit la fascination d'un regard où se mêlent d'insolites contradictions. Celles-ci apparaissent dans le rapprochement des termes « obscurément » et « lumineusement » (l. 37). Ces modalités d'écriture extrêmement variées sont tout à fait révélatrices des incertitudes, des doutes et du charme qui font l'originalité de cette rencontre.

Une rencontre insolite

Ce caractère insolite tient à plusieurs éléments parmi lesquels on peut citer l'expression de l'incertitude, l'originalité de la jeune femme et de son comportement et un déroulement inattendu.

L'expression de l'incertitude : le texte est ponctué de notations qui insistent, par des moyens divers, sur le mystère et une certaine irréalité. Des adverbes marquent l'hésitation : «peut-être» apparaît 3 fois (l. 1, 7, 20). D'autres termes soulignent que la réalité est difficilement perceptible : la jeune femme «se pose à peine» (l. 6), son sourire est «imperceptible» (l. 7), le narrateur s'interroge (l. 16, 35) et doute (l. 28).

L'originalité de la jeune femme : on peut noter l'opposition entre l'apparence vestimentaire («très pauvrement vêtue», l. 3-4) et son allure hautaine («la tête haute», l. 4-5), qui la différencie des autres. La description met aussi en relief une sorte d'irréalité de la jeune femme. C'est ce que soulignent les expressions «à peine» (l. 6) et «peut-être» (l. 7) : «elle se pose à peine en marchant», «un sourire imperceptible erre peut-être sur son visage». Il y a enfin son extraordinaire maquillage, qui retient l'attention et l'intérêt du narrateur.

On peut ensuite s'attacher au côté bizarre d'un comportement mystérieux : les raisons du sourire restent inconnues (l. 24), mais pas pour elle, comme l'exprime l'expression «en connaissance de cause» (l. 24). La jeune femme semble mentir. Le verbe «prétendre» («elle se rend, prétend-elle», l. 25-26) souligne clairement qu'il ne s'agit pas de la vérité.

La discussion sur les problèmes d'argent est un peu inattendue (l. 30) : le narrateur l'explique («mais ceci, semble-t-il, plutôt en manière d'excuse», l. 31-32) sans certitude, par le désir, chez la jeune femme, de justifier son apparence.

La rencontre se fait donc sous le signe du mystère et de l'incertitude. Elle suit d'ailleurs un déroulement original.

L'originalité du déroulement : la rencontre commence par un jeu de regards. Ce jeu est clairement exprimé dans les premières lignes (répétition du verbe «voir»). Une indication spatiale précise que les deux personnages vont à la rencontre l'un de l'autre («venant en sens inverse», l. 2-3) et ne sont pas éloignés. Ce qui se passe ensuite n'est pas dit, et le récit reprend au moment où la proximité permet un échange de paroles (mais le texte n'est pas explicite à ce sujet).

L'initiative revient au narrateur, qui exprime sa détermination par le complément de manière «sans hésitation» (l. 21), mais souligne aussi les risques courus («tout en m'attendant... au pire», l. 22-23). Cette façon d'aborder une femme dans la rue est en effet cavalière. On note alors l'absence de réactions (l'inconnue répond par un sourire) et l'échange immédiat de paroles informatives («Elle se rend... chez un coiffeur du boulevard Magenta», l. 25-26), puis explicatives et confidentielles (les problèmes d'argent). L'alternance des pronoms personnels «je», «elle», «nous» marque la formation d'un couple.
L'insolite de la rencontre vient aussi des réactions du narrateur : fantasmes sur le maquillage, anticipation (s'attendre au pire), interprétation constante des gestes et des paroles de la jeune femme. C'est selon le point de vue du narrateur que la rencontre est racontée. Sensible à l'insolite, il s'en fait le traducteur, et peut-être, le créateur.

Texte n° 11 : Aragon : *Aurélien*

Aurélien est un long roman d'amour. Il retrace les difficultés d'un couple que les circonstances forment, puis séparent, puis reforment, mais que la mort détruit. Le début du chapitre I retrace la rencontre d'Aurélien et de Bérénice.

La première fois qu'Aurélien vit Bérénice, il la trouva franchement laide. Elle lui déplut, enfin. Il n'aima pas comment elle était habillée. Une étoffe qu'il n'aurait pas choisie. Il avait des idées sur les étoffes. Une étoffe qu'il avait vue sur plusieurs femmes. Cela lui fit mal augurer de celle-ci qui portait un nom de princesse d'Orient sans

avoir l'air de se considérer dans l'obligation d'avoir du goût. Ses cheveux étaient ternes ce jour-là, mal tenus. Les cheveux coupés, ça demande des soins constants. Aurélien n'aurait pas pu dire si elle était blonde ou brune. Il l'avait mal regardée. Il lui en demeurait une impression vague, générale, d'ennui et d'irritation. Il se demanda même pourquoi. C'était disproportionné. Plutôt petite, pâle, je crois... Qu'elle se fût appelée Jeanne ou Marie, il n'y aurait pas repensé, après coup. Mais Bérénice. Drôle de superstition. Voilà bien ce qui l'irritait. Il y avait un vers de Racine que ça lui remettait dans la tête, un vers qui l'avait hanté pendant la guerre, dans les tranchées, et plus tard, démobilisé. Un vers qu'il ne trouvait même pas un beau vers, ou enfin dont la beauté lui semblait douteuse, inexplicable, mais qui l'avait obsédé, qui l'obsédait encore :

Je demeurai longtemps errant dans Césarée...

Louis Aragon, *Aurélien,* Éd. Gallimard (1945).

Idée directrice

La rencontre est racontée par un narrateur extérieur, l'auteur, qui rend compte des réactions d'Aurélien lorsque celui-ci voit Bénénice. Ces réactions sont nettement défavorables. Mais il y a le charme d'un prénom aristocratique et racinien...

Structure du texte

On peut distinguer trois mouvements. Le premier (l. 1-12) présente Bérénice vue par Aurélien : l'image perçue est peu esthétique. Le deuxième (l. 12-18) analyse une impression désagréable ressentie par Aurélien. Cette impression est la conséquence directe de la première image. Le troisième (l. 19-25) associe le prénom à des souvenirs.

PISTES DE LECTURE

Une image défavorable (l. 1-12)

La première phrase est inattendue. Elle exprime de façon catégorique et brève le jugement brutalement défavorable d'Aurélien («il la trouva franchement laide», l. 2). L'idée est aussitôt reprise sous une forme un peu différente («Elle lui déplut, enfin», l. 3), atténuée par l'adverbe. Viennent ensuite les motivations de ce dégoût. La première est d'ordre vestimentaire («habillée», l. 4; «étoffe», l. 4, 5). Le jugement d'Aurélien («Il n'aima pas», «il n'aurait pas choisie», l. 3, 4), justifié par un intérêt pour les tissus et leur utilisation («Il avait des idées», l. 4-5), s'applique au choix de l'étoffe pour en expliquer le caractère commun («vue sur plusieurs femmes», l. 6).

L'intérêt et l'importance accordés à l'étoffe sont mis en évidence par la répétition du mot «étoffe» (trois fois dont deux en tête de phrase, l. 4, 5). L'auteur prête à Aurélien un raisonnement qui se veut logique, portant sur la relation nécessaire («obligation», l. 8) entre un prénom aristocratique et le goût.

La seconde motivation porte sur la coiffure («cheveux ternes», «mal tenus», l. 9, 10). Le jugement, sévère, souligne un manque de soin et s'explique par une remarque générale un peu familière («ça demande...», l. 10), que l'auteur attribue à Aurélien. La fin de la première partie souligne un paradoxe : l'incapacité d'Aurélien à préciser la couleur des cheveux de Bérénice. La conclusion («Il l'avait mal regardée», l. 12) apporte une explication qui peut paraître ironique.

Le malaise d'Aurélien (l. 12-18)

L'auteur présente l'état affectif d'Aurélien en insistant sur un malaise difficile à définir (adjectif «vague», rapprochement des deux termes «ennui», «irritation», l. 14). Le texte est assez morcelé : une question indirecte («Il se demanda même pourquoi», l. 14-15), un

jugement («C'était disproportionné», l. 15), une description physique de Bérénice («Plutôt petite, pâle, je crois...», l. 16). La structure conditionnelle («qu'elle se fût = si elle s'était) et la phrase nominale («Mais Bérénice», l. 17) soulignent la différence entre deux prénoms courants («Jeanne ou Marie», l. 16) et ce prénom original. Celui-ci est à l'origine du malaise du narrateur («...superstition. Voilà bien ce qui l'irritait», l. 18).
L'impression de malaise est suggérée par le découpage un peu incohérent des phrases : style parlé («Plutôt petite, pâle, je crois...», l. 15-16), absence de verbe («Mais Bérénice», l. 17; «Drôle de superstition», l. 18). L'auteur mélange des bribes de phrases qui pourraient être du style direct à une explication claire (l. 18).

Un nom évocateur de souvenirs (l. 19-25)

Cette partie est consacrée à l'explication du pouvoir du nom. C'est un double pouvoir de réminiscence. Il fait naître un souvenir culturel (un vers de Racine) et un souvenir personnel, précisé par des indications temporelles («pendant la guerre», «plus tard», l. 20-21) et locales («dans les tranchées», l. 21). La citation du vers est précédée d'un jugement assez ambigu, d'abord négatif («qu'il ne trouvait même pas un beau vers», l. 22), puis plus nuancé («ou enfin dont la beauté lui semblait douteuse», l. 22-23).
Le caractère persistant du souvenir («avait obsédé», «obsédait encore», l. 24) lie très étroitement Bérénice aux souvenirs culturels et personnels d'Aurélien.

Texte n° 12 : Julien Green : *Minuit*

Dans cet extrait du roman *Minuit,* Julien Green nous présente une jeune fille, Élisabeth, visitant, de nuit, une maison inconnue. Elle est attirée par le bruit d'une respiration, s'approche du souffle inconnu et découvre un jeune homme d'une fascinante beauté. L'amour qu'elle va instantanément éprouver pour lui les mènera tous deux à la mort.

D'abord elle ne vit rien, aveuglée par cette flamme minuscule comme par un météore, et brusquement elle fut debout sans savoir ce qu'elle faisait. Étendu en travers du grand fauteuil de velours cerise aux reflets de braise, un garçon d'environ dix-sept ans dormait dans une de ces attitudes à la fois tragiques et nonchalantes par lesquelles le sommeil s'apparente à la mort. Sa tête se renversait en arrière découvrant un cou vigoureux qui s'échappait d'une chemise en lambeaux ; un de ses bras s'allongeait avec raideur, la main à demi close semblant crispée sur la poignée d'une arme, alors que l'autre main reposait sur son ventre comme pour dissimuler une blessure. Il paraissait recru. Une de ses jambes était passée par-dessus le bras du fauteuil, l'autre étendue toute droite et le talon portant sur le sol. Élisabeth lâcha l'allumette qui lui brûlait le bout des doigts. Dans l'obscurité qui se reformait autour d'elle avec un scintillement d'étoiles elle s'aperçut qu'elle tremblait. Jamais elle n'avait vu quelqu'un d'aussi beau que ce dormeur. Elle comprit que son instinct ne la trompait pas tout à l'heure lorsqu'elle s'agenouillait près de l'inconnu et qu'elle offrait son visage à la chaleur de son haleine. A présent elle n'aurait su dire si c'était la joie, une joie inquiète et déchirante, ou la plus étrange et la plus exquise

douleur qui la faisait trembler ainsi. Plus mystérieuse encore lui semblait la cause d'une émotion aussi forte.

Julien Green, *Minuit*, Éd. du Seuil (1936).

Idée directrice

La rencontre se fait dans un contexte mystérieux que l'obscurité et l'imagination rendent émouvant. La découverte du jeune homme endormi provoque chez Élisabeth un éblouissement et une très forte émotion.

PISTES DE LECTURE

On peut étudier ce texte selon deux axes qui correspondent d'ailleurs aux deux paragraphes. Le premier est consacré à la description du jeune homme brusquement découvert. Le deuxième est une analyse que la jeune fille fait de ses propres réactions, une fois l'obscurité revenue.

La description (l. 1 à 16)

Elle ne peut être faite que lorsque la lumière permet à Élisabeth de découvrir le jeune homme. C'est pourquoi le texte commence par le récit des gestes de la jeune fille. L'auteur nous donne deux informations successives (« D'abord elle ne vit rien », « et brusquement elle fut debout », l. 1, 3).
La première fait état d'un éblouissement insolite : il y a en effet une opposition entre, d'une part, « aveuglée » et « météore » et, d'autre part, « flamme minuscule » (l. 1, 2, 3). La deuxième rapporte une réaction brutale et instinctive d'éloignement (« elle fut debout », l. 3). La suite du texte donne l'explication de ce geste en précisant le contenu de la vision : un personnage qui est longuement décrit.
L'auteur indique en une assez longue phrase la position du personnage (« Étendu », l. 4), son âge approximatif (« environ dix-sept ans », l. 6), et caractérise par deux

adjectifs opposés («tragiques», «nonchalantes», l. 7) son attitude : un sommeil comparable à la mort. Cette position est ensuite complétée par des précisions successives, accompagnées de détails perçus ou imaginés. Il est ainsi question de la tête, des bras, puis de la main et enfin des jambes. Les lignes 8-10 donnent un détail physique («cou vigoureux») et un détail vestimentaire («chemise en lambeaux», l. 10).

La description des bras et de la main, mettant en relief une position de défense figée («raideur», l. 11; «crispée», l. 12), suggère l'idée d'un suicide, ou d'une lutte : le personnage endormi semble ainsi encore plus vulnérable. La fin du paragraphe est une description sans aucune interprétation, qui donne uniquement la position des jambes («Une de ses jambes»... «l'autre», l. 14, 15).

Les réactions d'Élisabeth (l. 17 à 29)

La description a duré le temps que se consume une allumette, comme le souligne la première phrase. L'auteur insiste sur la confusion visuelle due à la disparition de la lumière («obscurité»/«scintillement d'étoiles», l. 18-19). Elle permet à Élisabeth une prise de conscience de ses propres réactions («elle s'aperçut...» l. 19). La phrase qui suit est une constatation explicative («Jamais elle n'avait vu», l. 20) : le trouble et l'émotion d'Élisabeth viennent de l'extrême beauté de l'adolescent endormi.

La réflexion de la jeune fille («Elle comprit», l. 21) la reporte quelques instants auparavant, lorsqu'elle avait osé s'approcher pour sentir le souffle du dormeur, et l'assure du bien-fondé de sa démarche. C'est presque une façon pour elle de revivre cet instant émouvant. Le retour au présent («A présent», l. 24) lui fait chercher, en vain («elle n'aurait su dire», l. 24-25), les raisons profondes de son émotion.

Elle propose deux hypothèses en apparence contradictoires, mais cependant très proches par les caractérisations qui les accompagnent («joie inquiète et déchirante», «exquise douleur», l. 25-26-27). Les adjectifs pourraient en effet être intervertis d'une façon plus logique. Cette association inattendue de termes opposés souligne, chez Élisabeth, la difficulté de voir clair dans ses sentiments. L'accumulation de superlatifs marque la violence et l'intensité des sentiments ressentis.

La dernière phrase montre que la réponse n'est sans doute aucune des deux hypothèses («Plus mystérieuse encore», l. 27-28) et insiste sur l'origine difficilement définissable de l'émotion. Le choc de la découverte a été si violent qu'il pousse la jeune fille à faire un profond retour sur elle-même pour cerner l'origine d'un tel bouleversement.

Texte n° 13 : Pascal Lainé : *La dentellière*

Pomme est une petite coiffeuse, insignifiante et banale en apparence. Aimery est étudiant. Ils se rencontrent à Cabourg, s'aiment mais Aimery se lasse de Pomme. Celle-ci se laisse mourir. Le passage qui suit rapporte leur rencontre, à la terrasse d'un café.

Quelque chose était en train de se passer. Aimery parlait à Pomme. Il parlait très vite et très petit, comme écrivent certaines personnes, en serrant les mots. Pomme ne disait rien. Une partie d'elle-même écoutait ; mais seulement une petite partie. Tout le reste commençait à s'enfoncer dans l'eau tiède, presque un peu trop, d'une rêverie indéfinie. Quelque chose changeait. Pour le jeune homme aussi. Les gens allaient et venaient devant ce couple banal sans rien remarquer, sans même les regarder vraiment. Eux non plus ne voyaient pas les gens. Tout cela n'était

presque rien. Peut-être une infime modification dans la teinte et la conscience des choses devant eux : de la boule de chocolat, évidemment, mais aussi des coupes, et de la petite table ronde. La voilà qui se déroulait. Pomme, elle jusque-là si close, l'âme en colimaçon : son silence faisait deux petites cornes du côté d'Aimery, se rétractant parfois, mais point complètement, quand le jeune homme posait trop longuement le regard sur elle.

Pendant un moment leurs pensées glissèrent côte à côte solitaires. Chacun s'enfermait sur lui-même, sans chercher à dévider le cocon où l'autre s'était de même enfermé. Ils ne sentaient pas que dans cette solitude, moins d'une heure après qu'ils s'étaient rencontrés, résidait le possible désir d'une vie à deux.

Pascal Lainé, *La dentellière,* Éd. Gallimard (1974).

Idée directrice

La scène est présentée par un narrateur extérieur. C'est une analyse originale des modifications de l'atmosphère, et des tentatives des deux personnages pour établir entre eux une communication.

PISTES DE LECTURE

On pourra étudier successivement l'événement (l. 1 à 8) qui, même insignifiant, provoque des réactions, puis les modifications (l. 8 à 21) des choses et des êtres. Le dernier mouvement du texte (l. 22 à 28) définit la situation des deux jeunes gens et permet au narrateur d'intervenir.

L'événement (l. 1-8)

Il est indiqué par une phrase brève indiquant une action en cours, mais peu précise : «Quelque chose était en train de se passer» (l. 1-2). Puis chacun des personnages est présenté en action. D'abord, Aimery : une phrase analyse sa manière de parler, par une comparaison insolite avec la manière d'écrire («très vite et très petit», l. 3). C'est une façon d'exprimer l'absence de communication. L'auteur, en effet, souligne ainsi une manière de parler incompréhensible. Puis il passe à Pomme. Une phrase très brève la montre silencieuse (l. 5). L'auteur nous présente alors un personnage divisé («Une partie d'elle-même écoutait», l. 5-6) et souligne par une image inattendue («s'enfoncer dans l'eau tiède», l. 7) une attitude d'indifférence rêveuse.

Les modifications des êtres et des choses (l. 8-21)

De nouveau, une phrase brève, mais imprécise, indique le contenu du passage («Quelque chose changeait», l. 8-9). Le texte présente successivement Aimery, les gens, les choses et Pomme.
La notation concernant Aimery est brève; elle indique seulement un changement, sous la forme d'une phrase nominale très incomplète (sans sujet ni verbe : «Pour le jeune homme aussi», l. 9).
L'environnement humain apparaît dans «les gens». L'auteur souligne une indifférence réciproque des deux jeunes gens et du monde environnant («sans rien remarquer», «Eux non plus ne voyaient pas», l. 10-11-12).
Il s'attache alors à étudier, mais sans certitude («Peut-être», l. 13), les modifications à peine perceptibles des choses. Ces modifications sont peut-être le signe qu'une ébauche de communication se fait entre les jeunes gens : les objets autour d'eux semblent alors s'estomper.
Enfin, l'auteur analyse l'attitude de Pomme, de manière très originale. Il souligne un changement («se déroulait», «jusque-là», l. 17), puis assimile la jeune fille à un escargot qui hésiterait à sortir de sa coquille, avec

crainte et appréhension. Il s'agit ici d'une métaphore filée[1], c'est-à-dire d'une comparaison incomplète, qui reprend plusieurs éléments d'un même thème : «colimaçon» (l. 18), «se déroulait» (l. 17), «petites cornes» (l. 18). L'obstacle, pour elle, est la présence d'Aimery et son regard insistant. L'image du «déroulement» suggère une tentative d'ouverture de Pomme au monde environnant et surtout à son interlocuteur.

Situation des personnages et point de vue de l'auteur (l. 22-28)

On remarque que l'idée essentielle est celle de deux solitudes qui, provisoirement, ne communiquent pas («solitaires», l. 23 ; «solitude», l. 26). L'auteur souligne un parallélisme de pensée et d'attitude («Chacun s'enfermait», l. 23). Les formulations insistent sur l'idée de séparation («s'enfermer» exprimé deux fois, «chacun», «l'autre», l. 23, 24), de comportement similaire et d'absence de communication (le mot «cocon» reprend l'idée d'univers clos).
La dernière phrase est une réflexion de l'auteur qui juge la scène avec son expérience. Il souligne l'ignorance de ses héros («ne sentaient pas», l. 25) et suggère une issue heureuse : une vie partagée dont l'espoir est révélé par l'existence de cette double solitude.

1. Une métaphore est une comparaison à laquelle il manque un ou plusieurs éléments (ici manque l'élément qui souligne la comparaison «comme», «ainsi que»...). On dit qu'elle est «filée» lorsqu'elle comporte plusieurs images sucessives appartenant au même domaine.

TABLEAU ANALYTIQUE DES TEXTES

La question d'ensemble est une étude de synthèse qui se construit à partir de plusieurs textes. Elle a pour objectifs :

– la mise en évidence et l'étude de différents éléments communs,

– ou l'analyse d'un aspect particulier du thème présent dans quelques-uns des textes,

– ou encore l'observation de procédés stylistiques ou littéraires récurrents[1].

Le tableau qui suit récapitule de façon organisée les éléments communs aux treize textes étudiés. Il souligne en même temps les particularités qui font leur originalité. On y trouvera les données essentielles permettant de traiter les diférentes questions de synthèse.

1. *Récurrent :* qui se reproduit selon une certaine fréquence.

Auteur et titre de l'œuvre	**Modalités du récit**	**Regard**
Madame de La Fayette *La princesse de Clèves*	• Récit à la 3ᵉ personne fait de l'extérieur. • Narrateur : auteur. Il fait une présentation alternée des deux personnages.	"Elle" le voit, puis "lui" la voit ensuite.
Marivaux *La vie de Marianne*	• Récit à la 1ʳᵉ personne. • Narratrice : héroïne. • Phénomène de décalage temporel.	Le texte est dominé par tout un jeu de regards : ceux des jeunes gens, ceux de Marianne, ceux du jeune homme qu'elle a "distingué".
Abbé Prévost *Manon Lescaut*	• Récit à la 1ʳᵉ personne. • Narrateur : héros. • Phénomène de décalage temporel.	Le regard du narrateur discerne, d'emblée, le charme de la jeune fille, remarquée parmi les autres voyageurs.
Rousseau *Les Confessions*	• Récit autobiographique à la 1ʳᵉ personne. • Narrateur : à la fois héros et auteur. • Phénomène de décalage temporel.	Le premier regard du jeune homme capte une image éblouissante et indélébile.
Stendhal *Le Rouge et le Noir*	• Récit à la 3ᵉ personne. • Narrateur : auteur. Il fait une présentation alternée des deux personnages.	Madame de Rênal voit d'abord Julien. Lui, la voit ensuite. Le regard réciproque détermine un coup de foudre.
Balzac *Le Lys dans la vallée*	• Récit à la 1ʳᵉ personne. • Narrateur : héros. • Phénomène de décalage temporel.	Le premier regard du jeune homme perçoit une image éblouissante et fascinante. "Elle" ne le regarde pas.

Lieux et circonstances	**Échange**	**Effet**
Un bal officiel au Louvre. Assistance nombreuse.	Marques d'admiration non précisées. Pas de dialogue.	Surprise et admiration réciproques.
Intérieur d'une église. Assistance nombreuse.	Marques d'intérêt réciproque.	Observation réciproque. Regret de la séparation.
Hôtellerie, à l'arrivée du coche d'Arras. Quelques personnages secondaires.	Dialogue rapporté indirectement. Échange d'informations et d'opinions.	Disparition de la timidité du jeune homme. Audace soudaine, courage.
A proximité d'une église. Pas de témoins.	Paroles rapportées au style direct. Invitation à une rencontre ultérieure.	Éblouissement, "conversion" immédiate.
Jardin de Madame de Rênal. Pas de témoins.	Dialogue au style direct.	Émotion très forte. "Coup de foudre" né de la méprise.
Un bal officiel à Tours.	Geste fou du narrateur. Interjection prononcée par "Elle".	Éblouissement, perte du contrôle de soi. Métamorphose.

Auteur et titre de l'œuvre	**Modalités du récit**	**Regard**
Nerval "Sylvie" *Les filles du feu*	• Récit à tendance autobiographique à la 1re personne. • Narrateur : à la fois héros et auteur. • Aucune allusion au décalage temporel.	Le premier regard n'est pas déterminant. Le jeune homme a juste remarqué Adrienne, mais oublie, pour elle, de regarder son amie.
Flaubert *L'Éducation sentimentale*	• Récit à la 3e personne fait de l'extérieur. • Narrateur : auteur. • Il adopte un ton légèrement ironique.	Regard unilatéral. "Elle" n'accorde aucun regard au jeune homme qui l'observe avec admiration.
Alain-Fournier *Le Grand Meaulnes*	• Récit à la 3e personne fait de l'extérieur. • Narrateur : auteur. • Phénomène d'anticipation et de décalage temporel.	Le regard de la jeune fille est émouvant et plus éloquent que des paroles.
Breton *Nadja*	• Récit autobiographique à la 1re personne. • Narrateur : à la fois héros et auteur. • Phénomène de décalage temporel.	Le regard du narrateur détaille la jeune fille et s'attache particulièrement à son maquillage.
Aragon *Aurélien*	• Récit à la 3e personne fait de l'extérieur. • Narrateur : auteur.	Le regard d'Aurélien capte une image qui n'a rien d'éblouissant. C'est du nom de la jeune fille que vient la magie de la rencontre.
Julien Green *Minuit*	• Récit à la 3e personne fait de l'extérieur. • Narrateur : auteur.	Le regard de la jeune fille capte une image bouleversante. "Lui" ne la voit pas.
Pascal Lainé *La dentellière*	• Récit à la 3e personne fait de l'extérieur. • Narrateur : auteur.	Les deux personnages ne semblent pas se voir.

Lieux et circonstances	**Échange**	**Effet**
Jeu enfantin (une ronde), à la campagne, au crépuscule.	Échange d'un baiser et d'un serrement de main.	"Trouble inconnu" ; oubli de la compagne avec laquelle se trouvait le narrateur.
Sur un bateau, au cours d'un voyage fluvial.	Aucun échange.	Éblouissement, attention et observation soutenus. Effort pour être remarqué. Imagination active.
Tôt le matin, près d'une rivière, au cours d'une fête mystérieuse.	Dialogue muet ; interrogations et affirmations passant par un regard.	Trouble, "choc". Décision de suivre la jeune fille.
Dans la rue, au milieu des passants.	Échange de paroles rapportées indirectement.	Interrogations nombreuses portant sur un regard fascinant.
Aucune indication.	Aucun échange.	Malaise vague. Interrogations. Réminiscences personnelles et culturelles (vers de Racine, souvenirs de guerre).
Dans une maison inconnue, la nuit.	Aucun échange.	Forte émotion. Attrait presque irrésistible. Essai d'auto-analyse.
A la terrasse d'un café.	Des mots difficiles à comprendre.	Tentatives difficiles d'établir une communication.

2 DEUXIÈME PARTIE

Quatre questions d'ensemble traitées

QUESTIONS D'ENSEMBLE N°s 1 et 2[1]
Le jeu des points de vue dans la scène de rencontre

Textes de référence : tous les textes.

Tous les textes étudiés appartiennent au genre romanesque ou au genre autobiographique. Tous constituent un récit. Mais ces récits sont menés selon des modalités différentes. Tantôt l'auteur s'efface derrière ses personnages et leur laisse la parole. Tantôt, enfin, il présente ses héros de l'extérieur, et raconte leur rencontre.
Dans les deux premiers cas, le texte est à la première personne; dans le troisième, le texte utilise la troisième personne. Le point de vue est de ce fait changé : la scène n'est ni vue ni vécue de la même façon. Il peut arriver en outre que l'auteur, utilisant la troisième personne, nous présente la scène comme vue à travers le regard de l'un ou de l'autre de ses personnages. Sans faire parler ses héros, il nous donne leur point de vue et non le sien.
Il est intéressant d'étudier ces différentes modalités, leurs caractéristiques et leur efficacité.

1. Le récit à la première personne

On le trouve dans les textes 2 (*La vie de Marianne,* p. 10), 3 (*Manon Lescaut,* p. 14), 6 (*Le Lys dans la vallée,* p. 29). Dans chacun de ces textes, le récit est fait par le

1. On peut scinder cette question d'ensemble, particulièrement longue, en deux parties : le récit à la première personne, d'une part; le récit à la troisième personne, d'autre part.

héros (3 et 6), ou par l'héroïne (2) de la rencontre. Dans les textes 4 (*Les Confessions,* p. 19), 7 (*Les filles du feu,* p. 33), 10 (*Nadja,* p. 44), l'épisode rapporté est présenté comme ayant été réellement vécu par l'auteur, qui est aussi le narrateur et le héros. L'étude précise de ces textes met en relief des caractéristiques communes : un point de vue privilégié, une plus grande spontanéité, l'utilisation du décalage temporel.

• *Un point de vue privilégié*

L'utilisation du «Je» privilégie le point de vue du narrateur. Il joue en effet un rôle primordial puisqu'il a le privilège de vivre la scène et de la raconter. C'est donc lui qui apparaît en premier dans le texte : «J'attirais les regards» (Texte 2, p. 10), «Je devais quitter cette ville» (Texte 3, p. 14), «Je ne trouvai point Madame de Warens» (Texte 4, p. 19), «Je regardais ma voisine» (Texte 6, p. 29).

• *Une plus grande spontanéité*

Parce qu'elle est exprimée directement, la scène gagne en spontanéité et en authenticité; le narrateur est en effet, plus que quiconque, capable de définir et d'analyser, dans un dédoublement conscient, ce qui se passe en lui. Ainsi s'expliquent les analyses subtiles qu'offrent ces six textes et la sincérité dont elles témoignent.

Les analyses : ce sont celles des sentiments ressentis et des réactions. Elles sont faites avec lucidité par Marianne : «J'aimais à le voir», «ses regards m'embarrassaient» (Texte 2, p. 10), par le chevalier des Grieux : «Je me trouvai enflammé tout d'un coup» (Texte 3, p. 14), par Rousseau : «Que devins-je à cette vue!» (Texte 4, p. 20), par Félix de Vandenesse : «Saisi par le premier aspect charnel (...) Je revins me coucher métamorphosé» (Texte 6, p. 30).

La sincérité : les narrateurs n'hésitent pas à rapporter des réactions naïves, ou bien outrées, souvent de manière imagée : «L'amour me rendait déjà si éclairé...» (Texte 3, p. 14), «Je me plongeai dans ce dos (...) et je baisai toutes ces épaules» (Texte 6, p. 29). Ils ne cachent pas leur point de vue personnel, révèlent des détails connus d'eux seuls, insaisissables pour un observateur extérieur. Ainsi, Rousseau exprime sa violente surprise à la vue d'une femme aussi belle que Madame de Warens, alors qu'il associait dévotion et laideur. Nerval avoue sa passion pour Sylvie, puis confesse n'avoir «pu s'empêcher de presser la main» d'Adrienne. Breton s'interroge sur le pouvoir de fascination du maquillage de Nadja.

- *Le décalage temporel*

Il provient du fait que souvent le récit est fait bien longtemps après le moment où s'est déroulé l'événement. Il se révèle dans la juxtaposition de verbes au passé et au présent : «Je dois me souvenir», dit Rousseau dans le texte 4 (p. 19) dont les actions sont exprimées au passé. Le décalage temporel apparaît également à travers des allusions à des événements ultérieurs : déception de Des Grieux : «Son penchant au plaisir (...) qui a causé, dans la suite, tous ses malheurs et les miens» (Texte 3, p. 15); larmes de Rousseau : «Je l'ai souvent depuis mouillé de mes larmes» (Texte 4, p. 19); information recueillie par Breton : «Elle devait reconnaître par la suite» (Texte 10, p. 45).
Ce décalage temporel permet aux narrateurs adultes de se revoir sous les traits d'adolescents, avec ironie ou attendrissement. Il fait aussi intervenir la mémoire.
Une tonalité attendrie ou ironique : elle apparaît dans l'expression volontiers exagérée des sentiments ressentis. Des Grieux et Rousseau se moquent gentiment d'eux-mêmes et de leur enthousiasme. Le premier parle de «la maîtresse de (son) cœur» (Texte 3, p. 14). Le second s'avoue immédiatement converti : «Car je devins à l'instant [son prosélyte], sûr qu'une religion prêchée par de tels missionnaires ne pouvait manquer de mener en paradis» (Texte 4, p. 20).

L'importance de la mémoire : elle se révèle dans le texte de Nerval, riche en détails concernant les lieux, le moment, l'environnement (10 lignes, p. 33). Elle apparaît aussi dans le texte de Rousseau (Texte 4, p. 19). Celui-ci rapporte avec enthousiasme et nostalgie l'image des lieux enchanteurs de sa rencontre avec Madame de Warens.

2. Le récit à la troisième personne

La rencontre est racontée par l'auteur, qui met en scène ses personnages et décrit leur comportement de l'extérieur. Les textes qui présentent cette modalité sont les suivants : Texte 1, *La princessse de Clèves* (p. 6) ; Texte 5, *Le Rouge et le Noir* (p. 24) ; Texte 8, *L'Éducation sentimentale* (p. 36) ; Texte 9, *Le Grand Meaulnes* (p. 41) ; Texte 11, *Aurélien* (p. 50) ; Texte 12, *Minuit* (p. 54) ; Texte 13, *La dentellière* (p. 57). Certains de ces textes présentent un point de vue unique ; d'autres sont construits sur un jeu d'alternance.

- *Un point de vue unique*

On peut parler de point de vue unique lorsque la rencontre est présentée de manière unilatérale. C'est le cas dans les textes 8 (p. 36), 11 (p. 50) et 12 (p. 54). Dans ces textes, l'un des personnages voit l'autre sans qu'il y ait de réciprocité. Frédéric voit et observe Madame Arnoux (Texte 8, p. 36), mais rien ne dit qu'elle lève les yeux vers lui. De même, Élisabeth (Texte 12, p. 54) contemple l'adolescent à la lueur d'une allumette. L'absence de réciprocité vient ici du sommeil du jeune homme. Aurélien (Texte 11, p. 50) voit Bérénice, mais rien n'est dit de la manière dont elle reçoit ou rend ce regard. Il n'y a aucun échange.

- *Un jeu d'alternance*

Il apparaît dans les textes 1 (p. 6), 5 (p. 24), 9 (p. 41) et 13 (p. 57). L'auteur passe alternativement d'un personnage à l'autre pour donner ce que capte successivement chaque regard, et préciser les réactions de chacun. Ainsi «il» ou «elle» est tour à tour sujet ou complément, et il arrive que l'alternance corresponde à la division du texte en paragraphes. Dans le texte 1 (p. 6), le premier paragraphe commence par «Madame de Clèves», et le second par «Monsieur de Nemours». Il en est de même dans le texte 5 (p. 24) : Madame de Rênal aperçoit d'abord Julien, puis le jeune homme tourne ses regards vers elle. Dans le texte 9 (p. 41), «Meaulnes» ou «il» est sujet des verbes jusqu'à la ligne 20; «elle» apparaît alors (l. 15), puis le terme «la jeune fille» (l. 19). Enfin, c'est son regard qui parle (l. 26). Dans le texte 13 (p. 57) l'alternance se révèle dans la succession des prénoms : «Aimery», puis «Pomme», puis «le jeune homme», puis «Pomme». Mais, que le point de vue soit unique ou alterné, l'auteur a toujours le pouvoir de s'effacer derrière ses personnages, ou de marquer sa propre présence par des interventions personnelles.

- *L'effacement de l'auteur*

Il se produit lorsque celui-ci présente la scène à travers le regard d'un de ses personnages. La vision perçue n'est donc pas la sienne. Dans le texte 5 (p. 24), la première image de Julien Sorel (celle d'un adolescent fragile comparable à une fille) est accentuée par l'imagination romanesque de Madame de Rênal. De même, l'éblouissante beauté de cette dernière est amplifiée par la surprise, l'inexpérience et la timidité de Julien. Il en est de même dans le texte 8 (p. 36) : l'image de Madame Arnoux est celle que perçoit Frédéric, jeune homme sensible, enthousiaste et prêt à s'enflammer. A la place d'une femme, il voit une divinité.

- *L'intervention de l'auteur*

Même lorsqu'il semble s'effacer derrière son héros, il peut arriver que l'auteur intervienne pour donner son point de vue personnel au lecteur. C'est ce que font Flaubert et Pascal Lainé. Flaubert ironise sans méchanceté sur la fascination qui atteint Frédéric (Texte 8, p. 37), en se moquant de l'importance soudaine que celui-ci accorde aux choses : «Il considérait son panier à ouvrage avec ébahissement.» P. Lainé (Texte 13, p. 57) analyse la situation de ses personnages, s'inquiète de leur solitude, relève leur inexpérience : «Ils ne sentaient pas que dans cette solitude (...) résidait le possible désir d'une vie à deux» (p. 58). Sa sollicitude, son attention montrent à quel point il se laisse émouvoir par leur incapacité à communiquer. Les différents «points de vue» permettent de rapporter une même scène sous des aspects différents. Le récit romanesque ou autobiographique s'en trouve diversifié, enrichi : la scène semble être à chaque fois vécue différemment, malgré l'existence de nombreux points communs.

QUESTION D'ENSEMBLE N° 3
L'importance du regard dans la scène de rencontre

Textes de référence : texte 2, Marivaux, *La vie de Marianne;* texte 4, Rousseau, *Les Confessions;* texte 5, Stendhal, *Le Rouge et le Noir;* texte 6, Balzac, *Le Lys dans la vallée;* texte 8, Flaubert, *L'Éducation sentimentale;* texte 10, Breton, *Nadja;* texte 11, Aragon, *Aurélien;* texte 12, Julien Green, *Minuit.*

L'étude de ces différents textes montre que la première relation entre «elle» et «lui» est de l'ordre de la perception visuelle. Un regard involontaire, un simple coup d'œil, sont la plupart du temps suivis d'une observation plus précise, une fois passé le premier choc affectif ou physique.
Cette observation conduit à une description de ce qui capte le regard : une image, une allure, quelques éléments remarquables de «l'autre». On remarque même que l'échange de regard peut remplacer, à lui seul, un véritable dialogue.
Le déroulement de la scène, et sa transcription littéraire, sont donc étroitement tributaires d'un choc visuel déterminant.

1. L'importance du regard

Celle-ci se révèle à travers la fréquence d'emploi de termes relatifs à la vue.

Ces termes sont essentiellement des verbes et des substantifs dont on peut noter les multiples occurrences[1] à l'intérieur des huit textes considérés :

Verbes : voir (environ douze emplois); regarder (7); apercevoir (2); distinguer (2); examiner (2); considérer (1); observer (1).

Substantifs : yeux (6 emplois); regard (6).

La répétition de ces termes souligne la reprise, d'un texte à l'autre, d'un champ lexical[2] commun. Les éléments (verbes et substantifs) varient en nombre, mais leur présence met clairement en évidence différentes manières de percevoir «l'autre» et l'importance des jeux de regard.

- *Différentes manières de percevoir « l'autre »*

Le verbe *voir* revient le plus fréquemment (il figure au moins une fois dans chaque texte). Il exprime une action qui n'est pas volontaire : «Aurélien vit Bérénice» (Texte 11, p. 50); «Je vois une jeune femme» (Texte 10, p. 44); «Il voyait en rêve» (Texte 9, p. 41); «Elle se retourna, me vit» (Texte 6, p. 30).

On peut rapprocher du verbe *voir* le verbe *apercevoir* qui implique, lui, la rapidité de la vision, sa soudaineté, et parfois son caractère incomplet : «Elle aperçut, près de la porte d'entrée» (Texte 5, p. 24); «Meaulnes eut le temps d'apercevoir...» (Texte 9, p. 41). Il n'est pas nécessaire que le premier regard soit long.

Les autres verbes utilisés ont des connotations[3] différentes : *regarder* est une action volontaire qui peut s'expliquer par la curiosité, l'intérêt, une attirance : «Ils étaient fort près l'un de l'autre à se regarder»;

1. Le mot «occurrence» désigne l'apparition d'un mot dans un texte. Les occurrences sont nombreuses lorsque le mot revient à plusieurs reprises.
2. L'expression «champ lexical» désigne un ensemble de termes (substantifs, verbes, adjectifs, adverbes) se rattachant à la même notion.
3. Le terme «connotation» désigne ce que suggère un mot au-delà de son sens propre.

« Mme de Rênal regardait les grosses larmes » (Texte 5, p. 25); « Meaulnes [...] regarda la jeune fille » (Texte 9, p. 41); « Il la regarda » (Texte 8, p. 37). *Observer, considérer, examiner* mettent en relief une attention encore plus soutenue, un regard précis qui guette (observer), juge (considérer), analyse (examiner). Le verbe *distinguer* (Texte 8, p. 36) souligne un choix valorisant : le regard choisit un être parmi d'autres, qui disparaissent alors du champ visuel.

• *Les jeux de regard*

Le choix des mots et celui des constructions grammaticales précisent si les regards sont réciproques, ou unilatéraux, s'il y a ou non échange.
Absence d'échange : c'est le cas dans le texte d'Aragon (Texte 11, p. 50) et dans celui de Flaubert (Texte 8, p. 36). La vision est unilatérale : ni Bérénice (Texte 11, p. 50) ni Mme Arnoux (Texte 8, p. 36) ne répondent au regard.
Échange de regard : c'est le cas le plus fréquent. Une alternance de sujets et de compléments d'objet montre que les regards viennent tantôt de lui, tantôt d'elle : « Je vois une jeune femme [...] qui, elle aussi, me voit ou m'a vu » (Texte 10, p. 44); « [Il] regarda la jeune fille »/« Elle eut ce même regard innocent » (Texte 9, p. 41); « J'aimais à le voir »/« Ce jeune homme [...] m'examinait » (Texte 2, p. 10).

2. Le contenu du regard

Rapide ou insistant, observateur ou inattendu, le regard permet de capter une image. Selon que l'échange est réciproque ou unilatéral, l'image est simple ou double. Au regard succède l'indication de son contenu. C'est un portrait ou un message.

• *Les portraits*

Ce sont des descriptions; on les trouve dans presque tous les textes sous des aspects variés.
– Présentation critique accompagnée d'un jugement

défavorable (portrait de Bérénice, Texte 11, p. 50).
– Présentation mettant en relief un ou plusieurs éléments particuliers (maquillage de Nadja, Texte 10, p. 44; apparence fragile de Julien Sorel, Texte 5, p. 24; traits du visage de la jeune fille, Texte 9, p. 41; apparence émouvante de l'adolescent endormi, Texte 12, p. 54).
– Portrait élogieux et admiratif de celle qui apparaît comme une divinité : Mme de Warens (Texte 4, p. 19), Mme de Rênal (Texte 5, p. 24), Mme de Mortsauf (Texte 6, p. 29), Mme Arnoux (Texte 8, p. 36).
Ces descriptions ont toutes en commun d'insister sur des traits physiques détaillés (coiffure de Bérénice, Texte 11, p. 50), couleurs et motifs des vêtements de Mme Arnoux (Texte 8, p. 36), épaules de Mme de Mortsauf (Texte 6, p. 29). Cette insistance souligne l'acuité d'un regard qui laisse échapper peu de détails. Le caractère élogieux du portrait est en relation avec l'éblouissement ressenti.

• *Le message*

Il complète ou remplace l'image. Il est révélateur d'une complicité soudaine, d'un jeu d'attirance réciproque. Il peut remplacer un dialogue. Ainsi, les jeux de regard de Marianne (Texte 2, p. 10) : « Je ne voulais pas qu'il me vît y répondre, et je n'étais pas fâchée qu'il l'eût vu », sont presque plus explicites que des paroles. Il crée un lien privilégié entre les deux êtres et devient une sorte de code. Le regard attire, se dérobe et observe l'effet obtenu. Dans *Le Grand Meaulnes* (Texte 9, p. 41), le regard de la jeune fille parle (« semblait dire... »). Il est interrogateur, souligne un intérêt (« Que faites-vous ici? »), révèle une relation secrète qui ressemble à une prédestination[1] (« Et pourtant il me semble que je vous connais »).
Le regard apparaît ainsi comme l'élément déterminant

1. Le terme « prédestination » désigne une détermination fatale d'événements dont on pense qu'ils se produiront nécessairement.

de la rencontre : il révèle, fait soudain exister celui ou celle qui est vu, et provoque l'éblouissement de celui ou de celle qui voit. Il est le premier lien. Sans lui, chacun passe à côté de l'autre : il n'y a pas de rencontre.

QUESTION D'ENSEMBLE N° 4
Le choc affectif de la rencontre et ses conséquences

Textes de référence : tous les textes.

Le premier choc ressenti par les personnages d'une scène de rencontre est d'ordre visuel (voir la question d'ensemble n° 3, p. 71). Cette première réaction, qui relève de la perception, s'accompagne le plus souvent d'une forte émotion. Celle-ci prend parfois même la forme d'un bouleversement affectif qui modifie la façon d'être, de penser, de se comporter. Quelque chose a eu lieu, qui fait que tout est différent de ce qui se passait *avant*.
Mais si la rencontre est un moment privilégié dans la vie intérieure des personnages, elle est aussi une scène importante dans le déroulement d'une narration romanesque. Ses conséquences doivent donc être également envisagées sur le plan du récit, dont elles peuvent modifier le cours.

1. Le choc affectif, ses manifestations, ses conséquences

L'étude des différents textes montre l'exploitation d'un vaste champ lexical de l'affectivité. Les mots «surprise» et «étonnement» (Texte 1, p. 6), «éblouissement» (Texte 6, p. 29), l'adjectif «interdit» (Texte 5, p. 25), le participe «enflammé» (Texte 3, p. 14) soulignent un choc émotionnel souvent assez violent. La récurrence[1] du verbe «aimer», sous une forme affirmative

1. Le mot est expliqué p. 61.

(«J'aimais à le voir», Texte 2, p. 10), ou sous une forme négative («Il n'aima pas», Texte 11, p. 50), exprime clairement une réaction du cœur. D'autres termes («joie inquiète et déchirante», «exquise douleur», Texte 12, p. 54; «charmante», Texte 3, p. 14), empruntés au registre des sentiments, soulignent qu'au-delà du regard, c'est la sensibilité entière qui est atteinte.

On remarque ensuite que les personnages, émus ou bouleversés par un premier regard, se laissent aller, spontanément, à des réactions souvent tout à fait imprévisibles : «gaîté folle d'une jeune fille» chez Madame de Rênal (Texte 5, p. 25), silence chez Julien Sorel, qui oublie ce qu'il devait dire, geste brusque d'Élisabeth (Texte 12, p. 54), geste fou, irraisonné et puéril de Félix de Vandenesse (Texte 6, p. 29). Lorsque la réaction n'est pas un geste irréfléchi, elle prend la forme d'une modification de la façon d'être ou de penser. Ainsi, Rousseau s'affirme immédiatement converti (Texte 4, p. 19). Nerval est fasciné par Adrienne, au point d'en oublier sa petite compagne Sylvie (Texte 7, p. 33) : ils se font l'un et l'autre les disciples soumis de deux divinités. Le chevalier des Grieux trouve dans le charme de Manon Lescaut un encouragement qui fait disparaître toute sa timidité (Texte 3, p. 14).

Même lorsque la rencontre est difficile (Textes 11 et 13, pp. 50, 57), il se passe quelque chose qui souligne la naissance d'une relation, l'apparition de liens qui peut-être se consolideront. Aurélien, qui trouve laide Bérénice (Texte 11, p. 50), est cependant charmé par un prénom racinien évocateur de souvenirs personnels. Aimery et Pomme tentent maladroitement de communiquer (Texte 13, p. 57) et leurs efforts pour se rapprocher font progressivement disparaître le monde qui les entoure.

Enfin, la rencontre peut être à l'origine d'une interrogation et d'une prise de conscience : tout se passe comme si le choc entraînait une véritable introspec-

tion[1]. Dans le texte 2 (p. 10), Marianne se livre à une analyse d'elle-même; il en est de même pour Élisabeth. (Texte 12, p. 54) qui cherche l'origine de son émotion, pour Breton devant Nadja (Texte 10, p. 44), pour Aurélien, s'interrogeant sur les causes de son malaise et de son irritation (Texte 11, p. 50).
Lorsque les personnages ne s'interrogent pas, ils laissent aller leur imagination vers les rêves ou les fantasmes. C'est le cas de Frédéric (Texte 8, p. 36) imaginant la vie de Madame Arnoux. Une chose est certaine : il s'est produit en chacun d'eux un changement, comme l'analyse Balzac, lorsqu'il fait dire à Félix de Vandenesse (Texte 6, p. 29) qu'il a été «métamorphosé».

2. Les conséquences de la rencontre sur le plan romanesque

Ainsi quelque chose a changé dans la vie des personnages. Cette modification entraîne une orientation nouvelle du déroulement romanesque. Il est donc intéressant de savoir à quel moment se situe cette scène et comment elle influe sur la suite.
Dans bien des cas, la rencontre a lieu au début du récit. Elle ouvre le roman d'Aragon, *Aurélien* (Texte 11, p. 50), et se situe au début de l'histoire de Julien Sorel (Texte 5, p. 24) ou de Frédéric Moreau (Texte 8, p. 36). Ce moment important engage alors la suite du récit, le héros se trouvant, au seuil de son histoire, pris dans une aventure sentimentale qui va nourrir les épisodes suivants. L'amour de Frédéric Moreau pour Madame Arnoux (Texte 8, p. 36), celui de Julien pour Madame de Rênal (Texte 5, p. 24), celui de Marianne pour le jeune homme vu à l'église (Texte 2, p. 10), sont une composante importante de chacun des romans, une donnée de l'intrigue, un moteur puissant de son évolution. En effet, tout va être, dès lors, lié à cette donnée nouvelle : le comportement du héros et l'orien-

1. Ce terme désigne l'analyse du personnage par lui-même.

tation de sa vie changent. La vie de Frédéric a pour centre la maison de Madame Arnoux; Julien Sorel met au point une véritable stratégie de conquête.
Il faut aussi remarquer que la position des deux personnages qui se rencontrent est souvent inégale. Si l'un en est à sa première expérience, riche de promesses, l'autre est souvent marié, ce qui complique la situation. La rencontre met en présence deux parcours dont l'interférence est génératrice d'éléments romanesques nouveaux. C'est le cas dans le texte 1 (p. 6) : la rencontre de Madame de Clèves et de Monsieur de Nemours et les sentiments qu'elle leur inspire donnent au roman sa véritable impulsion et sa justification. Lorsque les deux personnages sont dans la même situation (Textes 2, 3, 13), la rencontre peut leur permettre de suivre un itinéraire romanesque commun auquel il est parfois fait allusion par le jeu du décalage temporel. Cet itinéraire commun est, par exemple, la vie mouvementée que partagent Manon et le chevalier des Grieux (Texte 3, p. 14) ou la liaison de Pomme et d'Aimery (Texte 13, p. 57).
Mais un fait est certain : à la lecture d'une scène de rencontre, le lecteur attend une suite et s'interroge sur l'issue d'un engagement qui prend naissance dès le premier regard. C'est pourquoi il est bien rare qu'un roman ne comporte pas ce genre de scène.

Imprimé en France par MAURY-IMPRIMEUR S.A. – 45330 Malesherbes
Dépôt légal : avril 1993
N° d'édition : 13427 – N° d'impression : C93/42508 R